| 下馬将軍 酒井雅楽頭の菩提寺 龍海院 |

JN241959

上毛新聞社

BOOKLet

# 目　次

# 第1章 龍海院の概要

## (1) 由緒

　龍海院(りゅうかいいん)は、群馬県前橋市紅雲町二丁目8番15号に所在する曹洞宗の寺院で、山号を大珠山、寺号を是字寺(ぜじじ)といい、本尊は釈迦如来である。

　厩橋(前橋)城主の酒井氏の菩提寺(ぼだいじ)で、徳川家康の祖父、松平清康(きよやす)が開基と伝えている。

　『上野国寺院明細帳』によれば、三河国渥美郡大久保村長興寺末とある。長興寺は現在の愛知県田原市大久保町岩下にあり、戦国時代の国人領主戸田氏の菩提寺で、慶安元(1648)年には朱印地百石を与えられている。龍海院の建物としては、本堂、迎拝所、霊屋、霊膳所並回廊、大玄関、鐘楼、庫裏、山門の記述がある。境内敷地が3020坪(約1㌶)ある。龍海院の寺伝では、享禄3(1530)年元日の暁、岡崎城主の松平清康が、「是」の字を

模外惟俊和尚

左手に握った夢を見て、岡崎城北の大澤山龍渓院に輪住していた長興寺の模外惟俊(もがいゆいしゅん)和尚にその意味を尋ねたところ「この字は日・下・人に分けられ、これを握るという事は、戦国の分裂の世を統一する前兆である。あなたの代に実現しなくとも孫の代までに実現する」といわれた。喜んだ清康は、岡崎城下に一寺を建て、模外和尚を開山とし、

---

曹洞宗は禅宗の一流派である。
日本の宗祖は道元。承陽大師。
大本山は永平寺と總持寺。

萬珠山是字寺龍海院と名
付けた。

　このことについて『上
野国郡村誌』には次のよ
うに記されている。

「岡崎城外に妙音寺（注、
明大寺）村あり。村に半々
山あり。山中に清淵あり
龍淵と名づく。享禄年中

龍海院（岡崎市）

城主松平清康ここに精舎を建て、龍海院と号し、模外を以て開山となす。」

　ところが、松平氏には浄土宗の大樹寺（愛知県岡崎市鴨田町）という菩
提寺があったことから、家老の酒井正親に守護を命じた。以後、龍海院は
酒井氏の菩提寺となった。

　徳川家康の江戸入城に伴い、正親の子重忠は武蔵国川越の城主となり、
大珠山是字寺龍海院を川越に建て、さらに、慶長6（1601）年重忠の厩橋（前
橋）転封に伴い、厩橋（前橋）に移した。前橋では、当初岩神村（岩神町）
に建立したが、万治元（1658）年火災にあって現在地の柿ノ宮村（紅雲町）
に移ったという。

　現在地に伽藍が整えられたのは五代忠挙の頃、元禄8（1695）年のよう
で、御霊屋御影堂、書院、衆寮、庫裏、方丈などが造られた。厩庫（御霊屋
2月上旬造立）大殿（2月9日上棟）、影堂（御影堂3月4日上棟）、書院（4
月22日上棟）、衆寮、庫裡・方丈および廊下などは6月上旬にはできあがっ

---

大樹寺の住職が龍海院のことを聞いて恨み、大樹寺を出て清浄院に入ってしまったという話がある。
酒井氏は松平氏と同祖との伝承を持つ家である。
由緒には異説もある。
是字寺の額は忠恭（忠知）の書いたもので、原本の墨書が残る。

ている。忠挙の時に伽藍造営がほぼ完成したようである。

　この忠挙は民政に力を注いだため、領民から大変慕われ、「病気になった時には咸休院様（忠挙の法名）の墓石の苔を薬にしろ」と言われたほどであった。

　酒井氏は寛延 2（1749）年九代忠恭（忠知）の代に姫路に転封となったが、龍海院は前橋に留まった。一緒に姫路に移転しなかった理由は不明であるが、住職の天養和尚が酒井氏についていき、姫路で隠居している。

　文政 4（1821）年 11 月 1 日、午の刻（正午）に本堂脇寮より出火して諸堂残らず焼失し、山門、土蔵、物置小屋だけが残る状態になった。

　その後、文政年間(1818 〜 1829)には、伽藍再興整備が行われたと記録にあるが、この時は姫路城主酒井忠実・同忠学の 2 代にわたって行われたもので、本堂は文政 12(1829) 年の暮れに上棟、御霊屋は棟札によると同 10（1827）年に建立されたことがわかる。山門は棟札によると ( 現在棟札不明 )、天保 12(1841) 年 6 月に上棟したことになっているが、様式方法か

らみて元禄年間の伽藍造営期までは遡らないとしても、文政期・天保期に左右の回廊および中央扉構えの撤去、屋根瓦葺替え等、大がかりな改修が行われたと考えられる。

大樹寺（岡崎市）

是字寺の額（山門）

鐘楼については、建立年代を示す史料はないが、様式や手法から元禄年代に近い建立と思われる。のち、文政期に妻飾りを再利用して棟廻りを改修したと考えられる。東西の腰袴(こしばかま)を撤去して通路にしたのは近年になってからのようである。

　書院および庫裡も文政期に再建されたが、数度の改修が行われて外観は大きく変わった。現在の庫裡は平成26（2014）年、書院は同27年に完成している。

　明治年間に曹洞宗堂林が置かれ、僧の修行道場として多くの僧侶を養成した。また、龍海院の鐘の音は、「是字寺晩鐘」として「前橋十景」の一つに数えられた。（コラム1参照）

　なお、総門は大正初年に前橋市西善町の祝昌寺に売却された。この門は改修が進み、当初部材は棟の部分だけになっている。以前は本堂の南側に大きな蓮池があった。

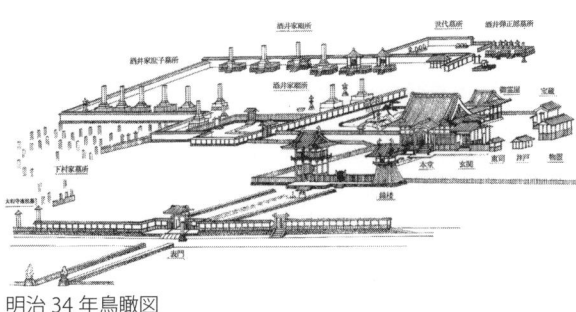

明治34年鳥瞰図

龍海院の参道には松並木があったが、昭和20（1945）年8月5日の前橋空襲により焼失してしまった。その後、桜が植

えられ桜並木となった。参道の土手の南には前橋城主松平典則（つねのり）の隠居所があったと伝える。また、参道入り口には二十一世龍定玉潭和尚が設置した宝暦年間の石仏があったが、昭和41（1966）年、現在の山門脇の位置に移された。（境内の石造物の項参照）

　さらに、龍海院には明治6（1873）年10月群馬県師範学校が高崎より移転してきている。11月には曲輪町校舎ができて移転した。

　平成3（1991）年から5年まで3ヵ年の年月をかけ、本堂、庫裡、書院、御霊屋、龍海院会館の改修を行い、面目を一新している。

　龍海院会館は平成27年に再度改修して座禅道場となっている。

---

コラム1　前橋名勝としての龍海院

　明治20（1887）年頃作られた『前橋市街十景』には、神明社夜雨・敷島磧帰雁・岩神之飛巌・双子山秋月・八幡社雪景・臨江閣夕涼・楽水園聴蟲・是字寺晩鐘・公園堤櫻花・利根川双橋があげられている。この中の是字寺晩鐘が龍海院のことで、龍海院が名勝に取り上げられた最古の例と思われる。

　この『前橋市街十景』とほぼ同一のものが存在する。明治20年頃に前橋の医師であった高橋周禎の編で、森霞巌（かがん）の筆になるものである。岩神奇巌・敷島帰雁・刀根双橋・八幡社雪・是字寺晩鐘・神明社夜雨・孖山秋月・臨江閣晩涼・公園櫻花・楽水園聴蟲の十景である。この十景には寄せ歌がついている。龍海院は「むら可ら須可扁る年くら　廼杉むら尒響く　ミ天良の　入安ひの可年」と詠まれている。作者は章となっている。

続いて明治 24（1891）年に作られた『前橋十景』がある。

岩神奇岩・楽水園聴虫・二子山秋月・神明社夜雨・是字寺晩鐘・公園桜花・臨江閣晩涼・敷島帰雁・八幡社雪・刀根双橋である。

やや下って大正 10（1921）年に『前橋二十名勝』が作られている。前橋公園・前橋城址・縣社八幡宮・龍海院・利刈牧・一里の渡・比刀祢川・天野藤園・二子山古墳・富士山古墳・小出川原公園・岩神飛石・風呂川・梅の井・妙安寺・大渡・虎が淵・敷島河原・橋林寺・文筥柳である。

大正 13（1924）年には『前橋八景』が作られているが、ここでは以前の八景の楽水園の聴蟲が資格を失ったとして天川堤の櫻花を入れている。天川堤櫻花・利根川双橋・是字寺晩鐘・臨江閣夕涼・岩神の飛石・双子山秋月・八幡宮暮雪・神明社夜雨である。

昭和 11（1936）年にも『前橋八景』が作られている。厩橋城址・お虎ヶ淵・お艶が岩・岩神の飛石・龍海院・群馬会館前・一里の渡し・比刀根橋・二子山の夕月である。

このように、明治から昭和にかけて龍海院は前橋市内の名勝の一つとして親しまれ、その鐘の音は市内に響いていた。

この鐘は平成 8（1996）年、52 年ぶりに鋳造され、鐘楼堂から音色を市内に聞かせることになった。銘文は以下のとおりである。

大珠山龍海院鐘銘

是字香華寺

餘芳満法臺

焉鳩檀信力

鋳造梵鐘哉

殷殷音声響

風調雨順梅

龍海院鐘楼堂

香飛千万里

龍海化門開

平成八年十一月鋳造

龍海三十七世龍瑋一雄代


　参考のために龍海院の旧梵鐘の銘文を紹介する。旧梵鐘は貞享3（1686）年酒井忠明が寄進したものである。第二次世界大戦末期に供出されて現在は残っていない。銘文は以下のとおり。

　　野之上州前橋南阿大珠的白樂龍海之淵寺始是字山定遊鞭飛來至此運歩得船對赤城岳臨利根川分大源派唱模外禪爐韝頻吹寶器新研撃偏中正開中正偏脱幽宣厄驚長夜眠響共物應意與金堅附阿難聴屬羅睞擧聲來耳畔往聲邊鯨千潯底華三月天一鐘之德三機之縁臣思幾度君壽永扇爾期好音不止驢年

　　　（注、旧梵鐘銘文の出典は『前橋風土記』）

---

## コラム2　龍海院晩鐘余話

### （1）「鐘の音で小僧の心がけを見極める」

　曹洞宗に伝わる話をまとめた禅文化研究所編『禅門逸話選』下巻に以下のような話がある。

　奕堂（えきどう）和尚が、加賀の天徳院に住していた時のことである。

　ある朝、奕堂和尚は晩鐘の音に耳をすましていた。その音には、いつもと違う響きがあった。鐘を聞き終わった奕堂は、侍者に命じて鐘司役を自室に呼ばせた。間もなく、新参の沙弥（しゃみ）が奕堂の部屋に出頭した。奕堂は、その小僧を見て、

　「今朝の鐘は、いかなる心得でついたのじゃ」

とたずねた。その小僧は、

「別にこれという考えもなく、ただ鐘をついただけでございます」

と答えた。すると奕堂は、

「いや、そうではあるまい。何か心に覚悟するものがあったであろう。

同じ鐘をつくのなら、今朝のようにつくがよい、誠に尊い響きであった」と、小僧をほめた。そのようにほめられても小僧は得意になることもなく「別に覚悟というほどでもございませんが、国もとの師匠が、何事をなすにも仏につかえる心を忘れてはならん。たとえば鐘をつく時にも鐘を仏と心得てつくのだ、とつねづね教えて下さいましたので、一拝しては第一鐘をつき、二拝しては第二鐘をつき、礼拝しながらついたばかりでございます」

と答えた。奕堂和尚は、しみじみとその覚悟をほめ、

「そのように教えられる師匠もすぐれた方であるが、それをいわれたとおりに守るおまえさんも感心じゃ。終世、その覚悟を忘れるのではないぞ」とはげました。

この沙弥こそ、後年の永平寺貫首森田悟由禅師である。


この話は加賀の天徳院の話として記録されているが、実は前橋龍海院での出来事であるという話を前橋龍海院住職三十七世過外一雄師から伺った。

その真偽を関係者の経歴や逸話、記録から探ってみた。


## (2) 森田悟由の経歴

天保5（1834）年から大正4（1915）年。明治時代の曹洞宗の僧。号は大休。別号は六湛。尾張国（愛知県）の生まれ。7歳の春出家を志し、名古屋の大光院の龍山泰門について得度した。随身14年に及んだが師の遷化にあい、師兄の元に2年、それより行脚に出て詢道4年。安政元（1854）年江戸梅壇林に掛錫、傍ら東条一堂に就いて内外の典籍を極めた。安政4（1857）年前橋

龍海院の奕堂和尚に謁し、随待して究理辨道すること 18 年の長きに及んだ。慶応 3（1867）年に金沢竜徳寺の住職になり、その後天竜寺、天徳院に歴住した。總持寺西堂を経て、明治 24（1891）年永平寺六十四世貫首になった。この頃總持寺、永平寺分離問題があったが、円満解決に努めた。明治 28（1895）年曹洞宗管長となる。以後両山貫首隔年交番してこの職につくことになる。大正 4（1915）年 2 月 9 日、82 歳で亡くなる。明治仏教界の泰斗と仰がれた傑僧である。墓は港区高輪三丁目の円福寺にある。

### (3) 森田悟由の逸話

**「禅師の母」**

　7 歳で出家した悟由和尚が、ある日、寺より 1 日のいとまをもらって実家へ帰り、母を訪ねた。まだ 8、9 歳のころである。母はたいへん喜んで迎えた。

　「何かおいしいものをこしらえて、ご馳走しましょう」

　といって、母が台所に立って料理をしている間、悟由は静かに待ちながらうれしくて仕方がない。

　しばらくして母は団子を持ってきて悟由にすすめた。さっそく、ひとつ食べてみると、とてもまずくて咽喉を通らない。普通の米や麦で作ったものとは思えない味である。

　「これは、いったい何でこしらえた団子ですか」

　と悟由がたずねると、母は襟を正して答えた。

　「この団子は、飢饉の年に食べるものがなくなった時、貧しい人たちが竹の実で作って、ようやく飢えをしのいだという団子です。おまえはまだ幼いけれど、ゆくゆくは仏祖の正法を嗣ぎ、人天の導師となるべき人です。そのためにはさまざまな難行苦行も覚悟していなければなりますまい。在家のものでさえこんなものを食べる時があると思えば、出家の身たるものどんな粗食悪味にも甘んじなければなりません。どうかその覚悟をもって屈せずたゆま

ず立派な僧侶となってください。今日とくにこの団子を作ったのも、久しぶりに帰省したおまえをもてなす母の寸志ですよ」

こんこんと訓戒する母の言葉を聞いて、悟由はますます万難不撓の決心を固めたのである。

## 「陰徳」

悟由はのちに江戸に出て、駒込吉祥寺に掛錫したが、そのかたわら儒者東条一堂について内外の典籍を究めた。東条一堂は、江戸の湯島、神田お玉ケ池に儒塾を開いていた。一堂の塾には大勢の門生がいたが、粗豪なものも多かった。雪隠などは汚れがひどく、入るのにもはばかられるような状態である。そこで悟由は、講義を受ける前にひそかに掃除しておくようにした。数カ月たっても、だれがきれいに掃除しているのか、塾生たちはひとりも気付かない。塾頭の那珂通高之がそれとなく探ってみて初めて、悟由であったことが分かったのである。塾頭は深く恥じて悟由に謝した。それを知った塾生たちも反省し、以後、お互いに戒めあい、粗暴な行いを慎むようになったという。

## 「奕堂和尚の下に投ずる」

悟由が東条一堂の塾に通っていたころ、上野前橋龍海院に奕堂和尚が住していた。道声つとに高く、悟由はその徳風を慕って参ずる決心をした。さっそく行李に荷物をまとめて、一堂に別れを告げると、一堂は喜んで、

「それはよいことじや」

といった。そして、

「坐禅をしない雲水は、病を治すことを知らない医者が、駕籠に乗ることだけを学ぶのに似ている。必ず本分の一大事を究明してまいるように」

と激励の言葉を添えた。悟由は感憤して一堂のもとを去り、奕堂の会下に参じたのである。

## （4）悟由の師　諸獄奕堂の経歴
<ruby>諸獄奕堂<rt>もろたけえきどう</rt></ruby>

　文化2（1805）年から明治12（1879）年。江戸後期から明治時代の曹洞宗の僧。三河国（愛知県）<ruby>足助<rt>あすけ</rt></ruby>の<ruby>香積寺<rt>こうじゃくじ</rt></ruby>風外本高の下で悟りを開く。京都山科の大宅寺、前橋の龍海院、金沢天徳院に歴住する。明治初期、永平、總持両本山の抗争を調停した傑僧として知られる。明治3（1870）年、總持寺独住第一世に上る。その後曹洞宗管長になる。明治12（1879）年8月24日に山形県鶴岡市善宝寺で75歳で亡くなる。墓は善宝寺にある。

## （5）悟由の記録

　『永平重興・大休悟由禅師廣録』巻十に「尋師訪道・・・雲に行き水を渉り、野に伏して山に寝、漸くにして上州前橋龍海院奕堂禅師の論下に到着す。一見の下、針芥相投じ、両論相対するの観あり。自画賛に曰く、二十三歳春初日、方に龍海に投じ堂尊に見ゆ」という記述がある。

## （6）終わりに

　関係者の経歴、記録から見て悟由が23歳の時前橋龍海院にいて奕堂に師事していたことがわかる。奕堂と悟由が師と弟子（沙弥）という関係で一緒にいたのはこの時期だけである。こういったことを総合して考えてみると鐘の<ruby>撞<rt>つ</rt></ruby>き方で奕堂和尚を感心させた森田悟由の話は、前橋龍海院での出来事である。

## (2) 移転と岡崎龍海院の存続経過

　前橋龍海院は酒井家の移封によって川越に造られた。さらに前橋に転封となったことにより前橋に移された。岡崎に残った龍海院については、群馬県ではあまり知られていない。

　岡崎の龍海院も長興寺の末寺である。愛知県岡崎市明大寺町西郷中に所在し、名古屋鉄道東岡崎駅の南である。「是之字寺」と呼ばれている。本堂は北面しており岡崎城に向いている。本堂南裏の山の墓地には家康の継母真喜姫（田原御前）と酒井正親の墓などがある。寺領は 120 石になったという。山門の額に「是字寺」とあり、「是字寺」の碑も立っている。山号は萬珠山である。

　徳川家康が関東に移った後、岡崎城主となった田中吉政の代に岡崎龍海院の建物は壊され、慶長 6（1601）年本多康重が上野国白井より入って岡崎城主になってから再建された。田中吉政は豊臣秀吉の家臣であり、10 万石の石高であった。田中吉政は関ヶ原の戦いで東軍に属して石田三成捕縛などの武功があったことから筑後国（福岡県）柳川 32 万 5 千石に加増となって移封された。＊

岡崎龍海院の本堂

---

田中氏の後に入った本多氏は家康の信任が厚く、白井から岡崎への転封の際に3万石を加増され5万石になった。後の城主水野氏は岡崎龍海院を菩提寺にしている。

　昭和20（1945）年の空襲で大きな被害を受けたが、本堂などは再建された。

　この岡崎龍海院について、前橋龍海院が所蔵する記録「龍海院座主要右記録全」には次のような記述がある。


　（天正）十八庚寅年秀吉公相州小田原の城を攻落し、北条の門旗を征誅し、関八州と家康公の領し給う所の四箇国と国替えなされ、この年家康公関八州の太守となり給う。これに依りて酒井與四郎、同與七郎をも関東へ召し下し、重忠公に武州川越の城に下し給わり三万三千石を領し、忠利公も一所に指し置あれけると云々。この時六代の住持雪菴和尚大檀君に相随い龍海院も同じく武州川越に引き取らせらる。然るに参州には正親公の墳墓これあるに依って、寺をも立て置き、且つ双松院様献供の科に、御黒印をのこしおき、参州龍海院をも永々相続せしむ。すなわち宗梵と云う僧を鑑寺に指し置き、川越より雪菴和尚、萬端の事支配せり。同年岡崎へは田中兵部少輔という仁入部、この仁志乱暴悪にして、神社仏閣を破倒し、松平累代寄附し置き給う寺社領を奪い取りて横領せり。

　（天正）十九辛卯年岡崎の城主田中氏無道なるに依りて、鑑寺宗梵も隠居固桂和尚を相伴い廣忠公より給いし所の牓示の御黒印を懐中し、杉山村全福寺に退き居れり。この無住の間に清康公、廣忠公、御累代に建立し給う諸堂を尽く破却し取って本の山野となし、ただ鎮守の宮のみ残しおけり。故にその棟札今に至って存在せり。

　（慶長）五庚子年岡崎の城主田中兵部少輔に国替を命ぜられ、すなわち筑後へつかわさる。岡崎をば本多豊後守廣孝公に賜る。是において宗梵も閑居固桂老人を

宝暦5年酒井忠恭は東海道を通って姫路に向かう際に岡崎龍海院に寄って墓参をしている。『姫路城史』
岡崎の五世固桂六世雪菴／七世年州／八世興巖／九世角云『住職墓碑』より

16

相伴い、再び旧地に帰る。武州本山龍海院雪菴和尚の指揮を受けて殿堂の再興を
なす。この時無住にては宜しからずとて、武州雪菴和尚年州和尚に命じ参州龍海
院住持となす。

（慶長）六辛丑年重忠公河内守に任ぜられ上州前橋を賜り、四月五日入部し給う。
川越をば與七郎忠利に賜う。六代雪菴和尚、尚前橋へ相随い来り龍海院を引き取っ
て前橋に建立す。これ前橋龍海院相続の法系にて酒井侯累代の御菩提寺なり。

（元禄）六年八月朔日より春開和尚三州龍渓院輪住。この時本山参州長興寺の總
門大破に依りて、春開和尚大檀公に相願い金子十二両拝領して長興寺へ遣わす。
これ本寺なる故なり。


　岡崎の寺社の中には龍海院のように田中吉政によって領地を没収された
と伝える寺社が多い。さらに龍海院のように田中吉政によって破壊された
寺社もあった。この寺社弾圧というべき政策のため、岡崎では田中吉政は
悪者扱いをされている。

　この政策を徳川氏の下で庇護を受けた寺社への弾圧、徳川色の払底と見
る研究者もあるが、寺社政策として行われた結果と考えられている。徳川
家康から朱印状を得るため、衰退した寺社が田中吉政の政策を強調したこ
とが考えられるとする研究者もいる。

　以上のことから、前橋龍海院は酒井氏の転封に伴って同名で造られたも
のと考えるのが自然であり、岡崎龍海院は建物を破壊された時期があった
が再建され、岡崎の地で守られてきた。（コラム３参照）＊

---

＊『田中吉政』2005 年　岡崎市美術歴史博物館外より

## コラム3　本末論争一件

　この本末論争のきっかけになったのは、延享2（1745）年に幕府が行った寺院の本末改めであった。これを機に岡崎龍海院が前橋龍海院を自寺の末寺と認めて欲しいと酒井家に訴えた。

　これは龍海院発祥の地に所在する寺院としてその地位を示したい考えがあったところに、前橋龍海院十一世謙外大益の時に長興寺の輪住の話があった際に、岡崎龍海院に名代を頼んだことがあり、その文書を証拠と考え、それまでも何度か意見を具申していたが、この機会を得て江戸に岡崎龍海院の卍元が出向くことになった。

　この経過を「龍海院座主要右記録」は次のように述べている。全体は記録として客観的に書かれている中で、この部分には執筆者の感情が多分に入っている文章である。

　（延享）三丙寅年春、岡崎龍海院卍元、前橋龍海院は岡崎の末寺たるの由しを酒井大檀君へ訴へ出づる。愚案するに夫れ前橋龍海院は大檀君御移城のたびごとに寺と共に御伴つかまつり、その開山模外和尚は参州渥美郡大久保村長興寺第三代なれば、長興寺末寺たること日月よりも明らかにして論ずるに及ばず。之に依りて年州、興巖、角云の三人は共に岡崎龍海院より前橋へ移転す。もし参州龍海院より前橋へ移転にはあらず。外からならば年州、興巖、角云の三人は前橋へ住持已渡移転せず。前橋にて遷化なれば、岡崎には始終（住）せらるや。もし住持すと云はば、前橋より前なり後にはあらず。三人はともに前橋にて遷化の故に、もし住持せすと云はば第六代にて断絶なるや。然るに年州、興巖、角云の牌名を立るは後に住持するもの再ひとりたて、世代すくなきつ以て前橋へ相願ひ七八九の三代を勧請したるや。或は年州、興巖、角云の三人は前橋にのみ始終住すと雖も岡崎をもかけ持にして同時に両方の住持なるが故に岡崎より前橋へ移転せすと云

はば、いよいよひがごとなり。いかなればその地の寺に住するが故に、その寺の住持と云。外に住したる人を何ぞその寺の住持とよばんや譬ば他人の寶を以て我が寶なりと云はば、誰かそれ信ぜんや。却てこれ盗賊なりと云はん。正住の人なり、平僧のみかりに置くは、平僧にて搭司なり。住持の二字つらつら味わうべし。且つ亦かけ持ちと云儀たとひありとも此皆利欲をむさぼり求むる悪僧のなす儀にて心ある人のする儀にあらず甚だ非法なり。年州、興巌、角云の三老僕何ぞ此のごとくの非法をなさんや。偏妄たること必然なりしかある故に田中兵部、所替の後は川越より雪庵の指し図にて岡崎へも年州和尚を住持に仰せ付けられたる儀疑いなし。故に後に雪庵の後住となつて前橋へ出頭せり。右に付てつらつら考しは往古より岡崎は前橋の末寺たる儀道理極成せり。然れといえども同開山たるに依って大檀君の思召しにて共に長興寺末と仰付らる。然るに中方十一代大益の時、長興寺の輪住あたり来ると雖も遠方故に岡崎龍海院へ頼みければ岡崎ならば近処なり。殊に長興寺は福寺故に辞退なく勤む。この時大益書状を遣わし名代に頼みけるを岡崎は却てこれを證拠として前橋は末寺なりと云へども、寺は、大檀君の寺にて大益と内々のうなづきあいにて本末を定むること決して成らざる儀なり。大益なにと申し遣わしめたりとも皆是れ内々の私しにて大檀君の定めざる儀なれば、證に立たず。本末を定むると至て重きことにてあるを、内々の私しにして事すむと覚へたるは愚なるべし。然るに爾より以来代々の住持大益の時を證拠として前橋を末寺にせんと心くずけれども本より筋なき儀、謀計の儀殊に前橋には大檀君御座なさるるに依って、彼れ此れと相ひ考へ年月を過す所に此度公儀より本末御改之有て此節黙止すれば重て願い難しと思ひ、卍元儀江戸大檀君へ訴へ出つ。然れども御取上もなく、且つ御目見も仰せつけられざるによっていたしかたなく空しく参州へ帰り右の由しを録処可へ相違す。録所より御渡されけるは今度の願ひの儀、無用の由し再三異見を加る所に承知せず。訴え出て願い叶はざるのみならず、御目見も仰せつけられざるは、却て岡崎の衰微の本なり。この罪過に依りて隠居を申し付けたるとあれば、卍元儀龍海院に帰らず途中より出奔す。

このように岡崎の龍海院が酒井氏に訴えたが、岡崎が前橋の本寺であると認められずに終了した。

また、龍海院所有の文書に「本末異論大岡越前守様御裁許天明七年未三月相改控置」がある。これは、天明7（1787）年3月、龍海院第二十三世大歌単好が記録した文書で、前橋龍海院と岡崎龍海院との本末異論に対し、両寺とも三河長興寺末であると裁許された記録である。大歌は前出「龍海院座主要右記録」を書いた二十一世玉潭和尚より二代あとの住職であり、延享3（1746）年に起きたことを、天明7（1787）年に記録したものである。

この裁定書「前橋龍海院本末の儀につき一札」という11月7日付の大岡越前守忠相から前橋龍海院あての文書も残っている。

以上のように龍海院の本末論争は決着し、両寺とも長興寺末寺として存在することとなり、現在に至っている。

---

## （3）歴代住職

**開山 模外惟俊大和尚**

三河国（愛知県）渥美郡田原町（田原市）雲龍山長興寺の四世、岡崎大澤山龍渓院の輪番住職であった。享禄3（1530）年8月1日、三河国岡崎明大寺、萬珠山是字寺龍海院の開山第一世となる。在任11年。天文10（1541）年11月29日に示寂した。松平清康が夢に見た是の字を「日・下・人」に分け、子孫が天下を握る前兆であると説明した僧である。＊

---

＊以下住職については『是字寺龍海院誌』より
　住職名の（　）内は岡崎龍海院の表記（住職墓碑名より）

### 二世 大通玄卓大和尚

天文 10（1541）年に晋山する。在任 8 年。天文 18（1549）年 5 月 28 日
に示寂した。

### 三世 傅室宗（取）芳大和尚

天文 18（1549）年 5 月 28 日に晋山する。天正 8（1580）年 9 月 13 日に
示寂した。

### 四世 来天契（圭）収大和尚

永禄 5（1562）年 9 月に晋山する。天正元（1573）年には辞して、天正 5（1577）
年 6 月 25 日に示寂した。

### 五世 固桂（賢）宗堅大和尚

天正元（1573）年に晋山する。天正 16（1588）年には辞して（天正 4 年 6
月ともいう）慶長 19（1614）年 12 月 8 日示寂した。六世和尚雪菴純好が
武蔵国（埼玉県）川越へ移転後岡崎龍海院が監寺となり法務を修めた。こ
のとき固桂が隠居により後見となった。

### 六世 雪庵純（順）好大和尚

天正 4（1576）年 6 月に、岡崎龍海院に晋山する。天正 18（1590）年、川
越に大珠山龍海院が新しく建立されるとともに移った。慶長 6（1601）年

に酒井氏が厩橋（前橋）城主となり、龍海院が城下の岩神村に建立され院主となり移った。川越への移転後も、岡崎龍海院の住職を兼務していた。慶長6年11月26日に示寂した。龍海院住職として25年勤めた僧侶である。注1

### 七世 年州存甫大和尚

慶長6（1601）年11月に岡崎龍海院より住持兼務のまま晋山する。岡崎龍海院では監寺宗梵蔵主を置いた。在任8年で慶長9（1604）年には、川越に源昌寺を創立し開山となった。慶長14（1609）年6月28日に示寂した。

### 八世 興巌春（舜）隆大和尚

慶長9（1604）年に三河国（愛知県）より晋山する。川越源昌寺の住職を兼ね、大珠山是字寺住職として8年勤め、元和3（1617）年7月21日逝去した酒井重忠（脩廣院殿）の焼香師を勤め隠居する。隠居寺として源英寺を開山した、源英寺一世である。寛永11（1634）年12月11日に示寂した。

### 九世 角云全虎大和尚

元和7（1621）年に三河国より晋山する。在任19年。寛永13（1636）年3月、二代酒井忠世（隆興院殿）の焼香師を勤め、退隠（隠居）して隠居寺である隆興寺を開山した。寛永17（1640）年11月13日に示寂した。注2

---

注1 龍海院が川越から前橋に移る。
注2 九世までは前橋と岡崎の歴代住職は同じである。

### 雲峯闇悦大和尚

寛永 13（1636）年 3 月より 11 月まで住職、白井雙林寺に転住した。寛永 13 年 11 月、酒井忠行（松巌院殿）の焼香師を勤めたが、龍海院世代には列していない。


### 十世 種外宗藝大和尚

寛永 13（1636）年 11 月に前橋源英寺（二世）より晋山する。在任 7 年。正保元（1644）年 12 月 8 日に示寂した。


### 淵碧三宅大和尚

正保元（1644）年 12 月に武蔵国（埼玉県）の広正寺より入り、在住 16 年で、龍穂寺（二十三世）に転住した。酒井家墓地の灯燈台に銘がある。龍海院住職世代には列せられず、天和 4（1684）年 1 月に示寂したといわれている。


### 十一世 謙外大益大和尚

万治 3（1660）年に川越養寿寺から晋山する。在任 11 年。寛文 11 年（1671）年 8 月 19 日に示寂した。


### 十二世 樵翁暾能大和尚

肥前国（長崎県）の生まれ。寛文 11（1671）年に安房国（千葉県）の延命寺より晋山する。在任 10 年。延宝 9（1681）年 5 月、四代酒井忠清（大昌

院殿）の逝去に当り、焼香師を勤め退隠（隠居）する。宝永元（1704）年
7月9日に82歳で示寂した。


**融峯本祝大和尚**

延宝9（1681）年に下野国（栃木県）の本光寺より入り、貞享4（1687）年には、
總寧寺へ転住する。さらに、元禄6（1693）年には曹洞宗大本山永平寺へ移り、
三十六世永平寺住職となった。龍海院住職世代には列していない。


**十三世 月清雲波大和尚**

貞享4（1687）年に武蔵国（埼玉県）の清泉寺より晋山する。在任4年。
元禄4（1691）年2月17日に示寂した。


**十四世 先笑春開大和尚**

元禄4（1691）年2月に前橋源英寺より晋山する。在任17年。常恒会（じょうごえ）を開
門したのは当住職である。宝永5（1708）年1月酒井忠相（永昌院）逝去
により焼香師を勤めた後、隠居する。享保元（1716）年10月22日に80
歳で示寂した。＊


**十五世 北岸暾海大和尚**

宝永5（1708）年1月に下野国（栃木県）の本光寺より龍海院へ晋山する。
在任12年。享保5（1720）年11月酒井忠挙（咸休院殿）の逝去により焼

---

＊常恒会とは、曹洞宗の修行の場で、夏冬の2回開かれる。
　常恒会地という寺格の寺が開くことができる。

香師を勤めた。享保 5 年 12 月 8 日に 69 歳で示寂した。＊

## 十六世 佛印慈海大和尚

享保 5（1720）年 12 月に、下野国（栃木県）の善増寺より晋山する。享保 7（1722）年 4 月より、旧過去帳を書写、大成する。在任 5 年。享保 10（1725）年 3 月 8 日に 42 歳で示寂した。

## 梅園大和尚

享保 10（1725）年 3 月に武蔵国の正福寺より晋山する。享保 14（1729）年 3 月転住する。在住 4 年。事故によるとあるが詳細は不明である。龍海院世代には入っていない。

## 十七世 天沼亀鶴大和尚

享保 14（1729）年 3 月に江戸の安昌寺より晋山する。享保 14 年 10 月 23 日に安昌寺にて示寂した。

## 十八世 却外壺春大和尚

享保 14（1729）年 10 月に江戸福衆院より晋山する。在任 2 年。享保 17（1732）年の春、相模国（神奈川県）龍沢寺へ転住した。享保 16（1731）年 9 月、酒井親本（台雲院殿）の逝去により焼香師を勤めた。その後相模国（神奈川県）龍沢寺に住み、江戸の總泉寺、總寧寺住職を歴任した。

---

＊歓禅順喜和尚の経塚が造られる

### 十九世 大器良円大和尚

享保 17（1732）年の春、前橋源英寺（九世）より晋山する。享保 18（1733）年 3 月、七代酒井親愛（大葉院殿）の逝去により焼香師を勤めた。在任 4 年。元文元（1736）年 10 月 4 日に 49 歳で示寂した。

### 二十世 天養泰長大和尚

元文元（1736）年 10 月に前橋源英寺（十世）より晋山する。寛延 2（1749）年 3 月 17 日に、雙林寺御役者中宛に「是字寺」の額を掲げることについての許可願を出している。寛延 2 年 1 月 15 日、九代酒井忠恭の姫路転封にともない随行し、退隠（隠居）する。姫路城総社門内に即是堂を建立し開山となる。宝暦 2（1752）年 12 月 2 日に示寂した。注 1

### 二十一世 龍定玉潭大和尚

寛延 2（1749）年に前橋源英寺より晋山する。参道入口に大石仏観音・地蔵の 2 体を建立した。寛延 3（1750）年 2 月 17 日に、前住職天養泰長和尚に引続き、龍海院是字寺の額について僧銀関係承合の書状を雙林寺に提出している。在任 11 年。宝暦 10（1760）年に退隠（隠居）、明和 9（1772）年 7 月 23 日に示寂し、江戸の大同寺に葬られた。注 2

### 二十二世 大安俊光大和尚（円圭）

伊勢国（三重県）の出身、宝暦 10（1760）年に石見国（島根県）の妙義寺

---

注 1　酒井家が姫路に転封となる。即是堂は姫路での酒井家位牌堂である。
注 2　宝暦 3 年忠恭が龍海院で法要を行う。『姫路城史』

より晋山する。在任 12 年。酒井忠宜（承穆院殿）、酒井忠仰（護俊院殿）の逝去により焼香師を勤めた。明和 9（1772）年 6 月 16 日に示寂し、江戸浅草崇福寺に葬られた。注 1

### 二十三世 大歌單好大和尚

安永 2（1773）年の 2 月 28 日に石見国（島根県）の妙義寺より晋山する。二十二世大安俊光和尚の法嗣であった。寛政 2（1790）年 7 月、姫路二代酒井忠以（超宗院殿）の逝去により焼香師を勤めた。在任 35 年。寛政 2 年 7 月に示寂した。

### 二十四世 無門元定大和尚

文化 4（1807）年 8 月 15 日に前橋源英寺住職（十三世）から晋山する。元定は旧材を利用して龍海院本堂の改築を着工した。在任 21 年。文政 12（1829）年に転住した。（最興寺と考えられる）天保 3（1832）年に 83 歳で示寂した。なお、本堂の改築工事は完成せず、次代に引き継がれた。注 2　注 3

### 二十五世 吉潭大澄大和尚

文政 12（1829）年に晋山する。文政 12 年 12 月 12 日に本堂改築落成法会を実施する。本堂改築の棟梁は鯨井清兵衛であると過去帳、棟札控に記載されている。天保 8（1837）年 8 月 13 日に 62 歳で示寂した。

---

注 1　現在大安俊光和尚の墓は崇福寺にはない。明和 2 年忠恭が墓参をする。『姫路城史』
注 2　寛政 12 年忠道が墓参をする。『姫路城史』
注 3　文政 5 年忠実が龍海院で法要を行う。『姫路城史』

## 二十六世 忍山雄道大和尚

天保5（1834）年10月12日に江戸の曹援寺より晋山する。天保8（1837）年に姫路二代酒井忠道（率性院殿）の逝去により焼香師を勤める。天保11（1840）年に酒井忠学の寄進により、山門の改修に着手し、天保12年山門が落成する。棟梁は高桑栄吉、脇工は藤吉である。天保15（1844）年忠学（謙光院殿）の逝去により焼香師を勤める。弘化2（1845）年に住山12年で退隠（隠居）する。嘉永6（1853）年10月25日に60歳で示寂し、江戸曹援寺に葬られた。＊

## 二十七世 法海卍牛大和尚

弘化2（1845）年9月27日に晋山する。嘉永元（1848）年5月、姫路四代酒井忠実（祇徳院殿）の逝去により焼香師を勤める。嘉永2（1849）年に退隠（隠居）する。在任4年。上野国佐位郡赤堀村大林寺十三世住職として転住する。越後国（新潟県）の浄土寺にて示寂したという。

## 二十八世 旃崖奕堂大和尚

嘉永2（1849）年3月に尾張国（愛知県）の聖應寺より晋山する。嘉永3（1850）年に有栖川宮家の祈願所として仰せ下され受理する。嘉永6（1853）年酒井忠宝公（維光院殿）逝去により焼香師を勤める。安政4（1857）年に加賀国（石川県）の天徳院に転任、明治3（1870）年7月25日に曹洞宗大本山總持寺の独住一世となる。在任10年。奕堂禅師の名声は天下に広ま

---

＊天保12年忠学が墓参をする。『姫路城史』

り、多く修業僧が集まったという。明治 12（1879）年山形県大山善宝寺にて 75 歳で示寂した。＊

### 二十九世 謙巌蔵雲大和尚

信濃国（長野県）穂高村の出身。安政 4（1857）年 10 月に播磨国（兵庫県）姫路城内即是堂より晋山する。即是堂は、二十世天養泰長和尚の開山である。万延元（1860）年 12 月、酒井忠顕（顕徳院殿）が 25 歳にて逝去し焼香帥を勤める。蔵雲和尚は珠山老人・寒華子と号し、絵画を好んだ。慶応 3（1867）年江戸の尚古堂より『良寛道人遺稿集』を出版している。明治 2（1869）年 6 月 12 日に 57 歳で示寂した。（コラム 7 参照）

### 三十世 大岡楳仙大和尚

長野県に生まれ、明治 2（1869）年 10 月に長野県大林寺より晋山する。明治 5（1872）年 10 月に長野県長岡寺へ転住する。明治 7（1874）年 11 月には神奈川県最乗寺へ昇住し独住一世となる。明治 13（1880）年 2 月 6 日、曹洞宗大本山總持寺の独住二世となり、法雲晋蓋禅師の勅号を賜る。明治 34（1901）年 12 月 27 日に 77 歳で示寂した。

### 三十一世 雲外白鳳大和尚

明治 5（1872）年に兵庫県姫路城内の即是堂（晴光寺に変わったという）より晋山する。明治 34（1901）年に辞任する。在任 30 年。明治 43（1910）

---

＊安政元年、3 年忠顕が龍海院で法要を行う。『姫路城史』

29

年 11 月 3 日に 82 歳にて示寂した。＊

### 三十二世 慶運周道大和尚

埼玉県に生まれ、群馬県館林町羽附普済寺より、明治 24（1891）年に晋山する。特に寺門興隆に努力した住職であったという。在任 10 年。明治 43（1910）年 7 月 24 日に示寂した。

### 三十三世 周随禎三大和尚

明治 43（1910）年に群馬県館林町羽附普済寺より晋山する。三十二世周道和尚の法嗣である。大正 3（1914）年普済寺へ復任する。

### 三十四世 禅龍雄鳳大和尚

大正 3（1914）年に愛知県の龍徳院（寺）より晋山する。特に寺門興隆に努力した住職であった。前橋市城東町の教徳寺の中興開山でもある。在任 33 年の間、熱心に檀信徒の教化に努めた。昭和 21（1946）年に辞任して、寺内隠寮に住まいした。昭和 27（1952）年より昭和 29（1954）年までは特例代理住職であったが、昭和 29 年 9 月 9 日に 81 歳で示寂した。

### 三十五世 大哲信雄大和尚

昭和 21（1946）年 8 月に神奈川県の普門寺より晋山する。三十四世雄鳳和尚の法嗣である。昭和 27（1952）年に罷免された（理由不明）が、昭和

---

＊即是堂、晴光寺は現存していない。
　群馬曹洞宗務支局が置かれる。県下三百五十ヵ寺の宗務管理を行う。また群馬曹洞宗中学林が置かれていた。
　『前橋案内』より

29（1954）年に再任された。病弱で療養期間が長く、住職不在のため在家の責任者役員により寺の管理が行われた。昭和 33（1958）年 8 月 20 日に43 歳で示寂した。

### 特別兼務住職 道玄太準大和尚

昭和 35（1960）年に、後任選定まで總持寺管長特命により、兼務住職として東京都大森の万福寺より入山する。昭和 40（1965）年 7 月任期満了により退山する。以後住職は常在しなかったが總持寺管長の任命を待った。政務は代理僧により勤め、管理は在家の役員が行った。坐禅堂の改装や本堂の建具新調など龍海院の復興の着手が行われた。

### 三十六世 養高慧安大和尚

昭和 40（1965）年 7 月に永平寺副管主福井天章老師の推挙により晋山する。本堂・開山堂・位牌堂、庫裡の改築を行い、昭和 48（1973）年 10 月「龍海院世代帳」を作製した。平成 3（1991）年 1 月に退隠し、東堂寮に住まいした。平成 9（1997）年 11 月 5 日に示寂した。

### 三十七世 龍瑋一雄大和尚

平成 3（1991）年に三十六世養高慧安大和尚の推挙により前橋市西善町祝昌寺より晋山する。その後直ちに老朽化した本堂など諸伽藍や墓地の復興

整備に着手し、5年の歳月をかけてこれを完成する。曹洞宗審事院審事・群馬県仏教連合会会長・前橋市選挙管理委員会委員長・群馬県保護司会連合会長・曹洞宗大教師補任等での功績により、平成2（1990）年藍綬褒章、平成12（2000）年勲五等瑞宝章を受章する。平成18（2006）年8月『是字寺龍海院誌』を刊行した。平成26（2014）年4月26日に84歳で示寂した。正六位を追贈された。＊

### 三十八世（現住）養心璋道大和尚

平成24（2012）年6月、前橋市西善町祝昌寺より晋山する。元群馬県教誨師会副会長・元前橋市私立保育園連絡会長・保護司・社会福祉養心会理事長・祝昌第二保育園園長として、仏教界ならびに福祉に携わっている。

## （4）酒井氏について

　酒井氏は松平親氏が酒井村の酒井与左衛門の娘に生ませた庶子の広親を初代とし、徳川家譜代の筆頭といわれている。酒井氏と松平氏は同祖親氏が、はじめ酒井家、のちに松平氏に入婿して生まれた広親、泰親を祖とし、その親氏は上州新田荘、新田義重の第四子義季から出たという。
　『新編岡崎市史』は、これについて松平氏草創伝承と深く結びついた酒井

---

＊『邂逅過外一雄の生涯』より

氏草創伝承であり、簡単に承認できないと述べている。

　大久保彦左衛門が著した『三河物語』にも庶子伝承が載っているが、他方「松平村誌付録」には庶子伝承を載せていない。同書は酒井氏について、松平太郎左衛門信重の二人の娘のうち、姉の方が酒井に嫁しているとするのみである。

　「姫路酒井家史料」に龍海院から姫路酒井家に送られた文書があり、広親から正親までの命日と法号を記載したもので、広親には「境村領主」家忠以下三代には「三州岩津城主」清秀には「同州山中城主」と居城が記されている。

　このことについて『新編岡崎市史』は、酒井氏の松平氏被官化がもっとも早かったために庶子伝承が形成されたのであろうし、松平氏の岩津進出以後、岩津や井田に所領を給与されたのであろうと述べている。これは松平家の伝承に合わせて作られ、合わない部分は隠された結果である。

　酒井氏の行動がはっきりしてくるのは、大永元（1521）年生まれの正親、同7（1527）年生まれの忠次が活動しはじめる天文年間になってからである。

　なお、「三州龍海院年譜抜書」には、酒井氏はもとは境という1字名であったが、名水を見つけたことにより酒井となったとの伝承が記されている。

# (5) 酒井氏の系統

　酒井氏は古くから松平氏と密接な関係があった。三河国（愛知県）には碧海郡に酒井村があり、幡豆郡に古く坂井郷があって、そのいずれかが酒井氏の発祥の地とされ、もと大江姓であったともいわれる。

　伝承によれば、酒井氏の女と松平親氏の間に生まれたのが広親で、松平家臣酒井氏の祖といわれている。後世、広親の長男氏忠の系統を佐衛門尉酒井氏、二男の家忠の系統を雅楽頭酒井氏とよばれる。

　雅楽頭系の正親は家康の祖父清康に仕え、家康誕生のとき「胞刀（臍の緒を切る刀）」を献じた。正親は松平宗家の家老であった。正親の第一の功績は吉良氏の居城西尾城を攻略し、のちに吉良義昭を降伏させたことである。これにより、西尾城を与えられた。以後、三河一向一揆・掛川城攻め・三方ケ原の戦いに軍功があった。所領1万石という。酒井正親は天正4（1576）年に死去、嫡子の重忠が関東入国後、相模国（神奈川県）甘縄に領地を替えられ、のちに武蔵国（埼玉県）川越城で1万石を領した。慶長2（1597）年に将軍秀忠の長女千姫が誕生した時には、蟇目役（貴人の出産の時などに妖魔を降伏させるために、男児には3度、女児には2度蟇目を射て音を立てる役）を勤めた。

　慶長6（1601）年に上野国（群馬県）厩橋（前橋）城を与えられて3万3千石の領主となった。嫡孫の忠世は12万余石の大名となり、曽孫の忠清は大老となり、世に「下馬将軍」と称されるほど権勢を振るった。子孫は

---

雅楽頭酒井氏の菩提寺は龍海院、東京台東区龍宝寺、葛飾区崇福寺などがある。龍宝寺は酒井重忠、崇福寺は酒井忠清が檀那となって造られた。
姫路には酒井正親を祭神とする姫路神社がある。

播磨国（兵庫県）姫路で 15 万石を領した。

　一方、左衛門尉系には「徳川四天王」随一の忠次がいるが、忠次以前の先祖の事蹟は不明である。これは、同系の忠尚が家康に謀叛したことによるのかも知れない。忠次は家康より 15 歳の年上で、家康の叔母（広忠の妹）を妻とし、家康の父広忠以来の老臣で、諸合戦では常に先鋒をつとめた。永禄 7（1564）年三河国吉田城を与えられ、東三河の国人衆を配下とする旗頭となった。その後の諸合戦でも知謀の将として多大の軍功があった。特に小牧・長久手の戦いでは家康から「国家の安危この一挙にあり、ひとへに汝が計策によるべし」といわれた。その子家次が関東入国後、下総国（千葉県）碓井城で 3 万石を領し、のちに越後国（新潟県）高田 10 万石、孫忠勝の代には出羽国（山形県庄内）14 万石を領する大名になった。


## 第 2 章　龍海院の建造物

### （1）本堂

　木造平屋の一重入母屋桟瓦葺きで、桁行 12 間、梁間 10 間の建物である。内部には桁行 3 間、梁間 2 間の内陣があり、須弥壇を設けている。和様を基本に一部禅宗様式を取り入れ、大きな唐破風をつけている。県内の寺院としては有数の規模の本堂である。

　棟高 16.5 m、平面積 430.898㎡（130.575 坪）。棟札には文政 12（1829）

---

姫路の景福寺には正室三代の墓がある。
酒井家の墓は龍海院、谷中霊園、崇福寺などにある。龍宝寺には関東大震災までは墓があった。染井霊園には墓石が残っている。酒井抱一の墓は築地本願寺にある。

年 12 月 11 日上棟とある。棟梁は鯨井清兵衛である。

## （2）山門（中門）

三間一戸楼門で入母屋造り、桟瓦葺で東に向いている。様式は和様を基本としているが、一部に禅宗様を取り入れている。正面南に増長天王像、北に毘沙門天王像を収めている。

棟高 11.531 m　平面

龍海院の本堂

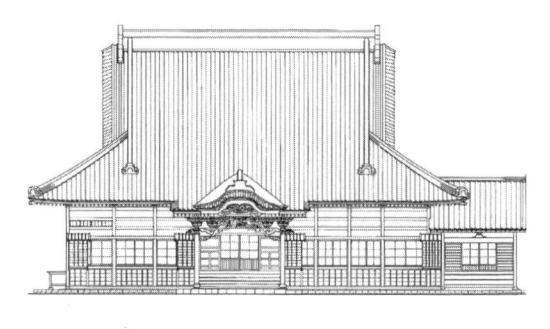

本堂正面図

積 33.271㎡（10.082 坪）。この山門には当初回廊がめぐっていた様子が残っている。天保の頃とりはずしているが、龍海院の格式の高さを物語るものである。天保 12（1841）年に上棟式が行われている。棟札によれば、天保 11（1840）年着工、同 12 年 6 月上棟とある。棟梁は高桑榮吉、脇棟梁が蔵吉である。

「是字寺」の額は寛延 3（1750）年 2 月、二十一世龍定玉潭和尚の時に掲額を認められている。この額の字は九代忠恭のものであり、龍海院所蔵の

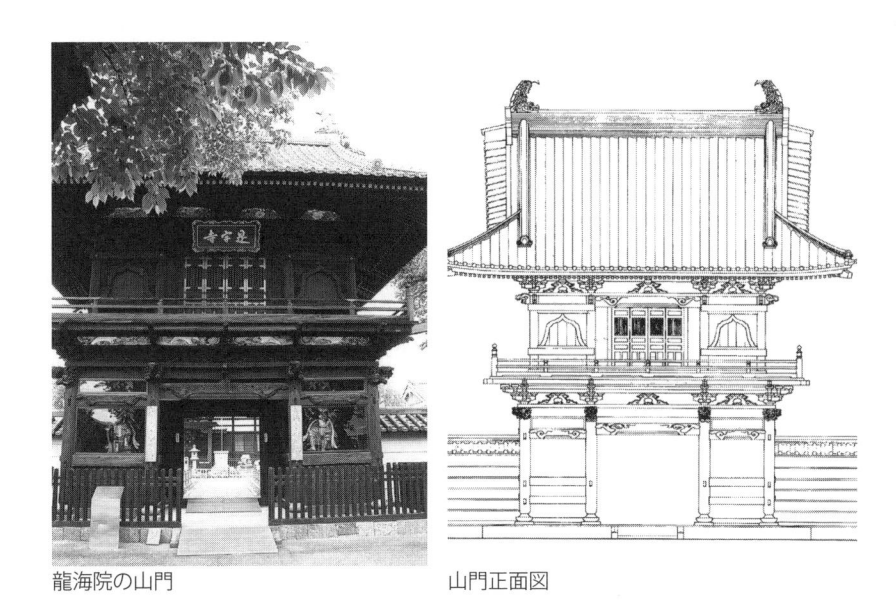

龍海院の山門　　　　　　　　　山門正面図

文書に忠知（忠恭）筆の原文がある。山門から東には広い参道があり、大正初年までは総門もあった。総門の付近にあった宝暦年間の石造物を昭和41（1966）年に山門前に移転した。


## （3）御霊屋

　桁行 5.5 間、梁間 2.5 間の一重入母屋造りの建物である。西面と北面に位牌壇があり、前橋と伊勢崎の代々の藩主と奥方などの位牌が安置されている。御霊屋の渡廊下には檀家の方の位牌棚が並んでいる。御霊屋の棟札によれば文政 10（1827）年 4 月とある。棟梁は武藤屋清兵衛である。御霊屋の棟高 8.260 m平面積 53.026㎡（6.072 坪）渡廊下の平面積 102.476㎡。

## （4）本堂内陣欄間の彩色彫刻

　内陣の須弥壇側の欄間には二段にわたって彫刻がある。上段は半肉彫り
で、下段は透かし彫りされている。上段は左に「応龍（飛龍）」、中央に「翼
を持った龍」右に「鯱」である。「応龍」は龍に両翼を備えたものである。
龍は空を飛べるから翼は必要のないものであるが、鷲と交わって生まれた
ものらしい。『和漢三才図会』に皇帝や神仙に協力する龍として載っている。
中央の「龍」は翼を持っているが「応龍」に比べて龍の体が表現されてい
る。翼を持った龍とでもいうべき姿である。「鯱」は普段は水中にいるが、
火に遭うと水を吹くといわれる。屋根の棟両端に置かれる火除けとする例
はよく知られている。下段中央は「龍」で右が二十四孝の「董永」である。
董永は父と2人で暮らしていたが、父が亡くなって葬儀の費用がないので、
身売りをして出そうとする。身請け主に行く途中美女に会う。美女は「私
は薫永の妻となるべく、絹を織って身請け主に届け許されました」という。
妻となって過ごすが最後に「私は天の織り姫ですが、あなたの孝行な心に
感じて天が私に命じました。」といって天に帰っていった。左は二十四孝の
「楊香」である。楊香が父と山に行った際に虎が出て2人を食べようとした。
楊香は虎に去るように願ったが叶わないので「天の神よ、私だけを食べて
父を助けてください」と願った。すると虎が尻尾を巻いて逃げ、父子とも
に助かった。

　内陣の入り口側には左右に「麒麟」が透かし彫りされている。麒が雄、
麟が雌という。中国では世の中が平和な時、聖王の治世の時に現れる。

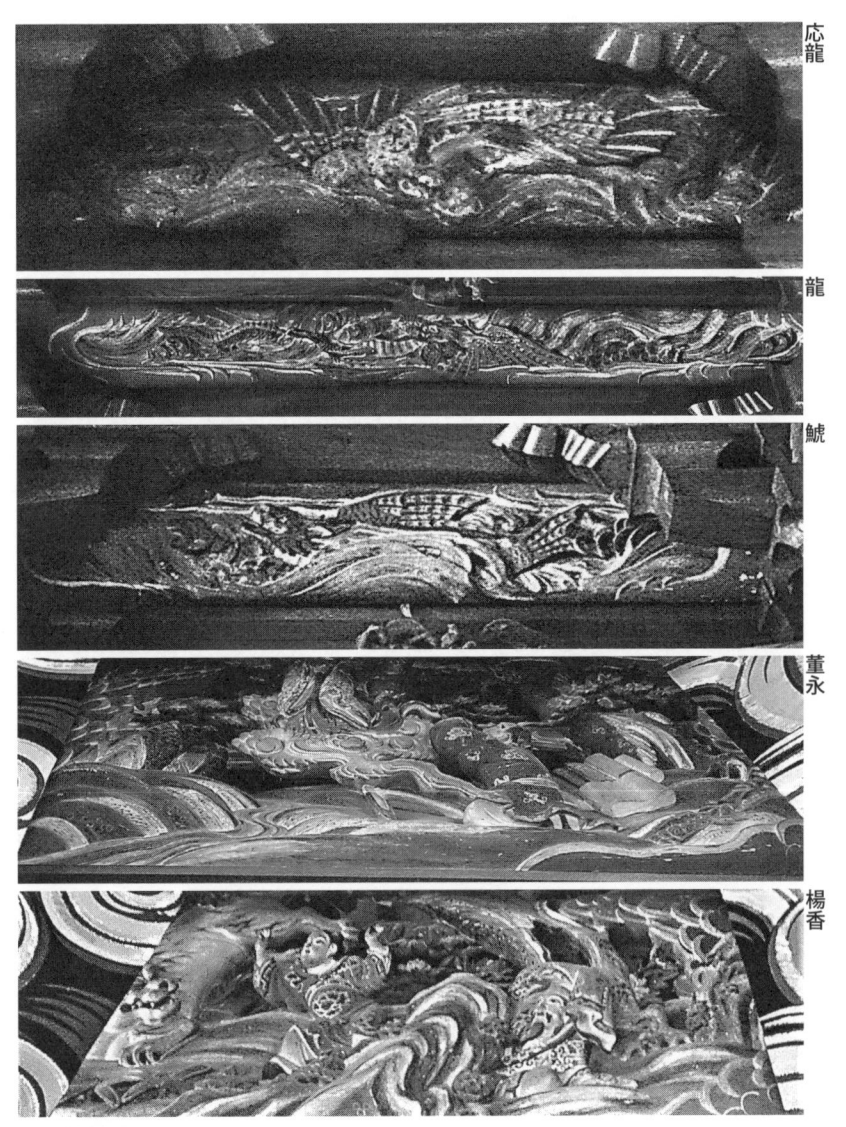

応龍

龍

鯱

董永

楊香

本堂内陣欄間

## （5）御霊屋欄間の彫刻

　西面と北面の欄間に彫刻が透かし彫りされている。西面は南から「仙人が松の根元で書を読む姿と唐子（からこ）」「王子喬（おうしきょう）」「布袋尊（ほていそん）」「瓢箪から駒（ひょうたんからこま）」、北面は西から「孔雀（くじゃく）」「鳳凰（ほうおう）」である。

　「仙人が松の根元で書を読む姿と唐子」は神仙の理想の過ごし方を表したものとされる。仙人は中国の道教で、仙境で暮らし飛翔などの仙術をあやつり、不老不死を得た人を指す。道教の不滅の真理である道（タオ）を体現した人とされる。唐子は、中国風の髪形や服装をした子どものことである。

　「布袋尊」は、唐末の明県（中国浙江省寧波市）に実在したとされる伝説的な仏僧である。水墨画の画材によく取り上げられ、大きな袋を背に負った太鼓腹の僧侶の姿で描かれる。日本では室町時代後期に成立した七福神の一柱として信仰されている。広い度量や円満な人格、また富貴繁栄を掌るとも考えられている。

　「王子喬」は鶴に乗って昇天したと言われる神仙で、周の霊王（在位紀元前 572 年〜 545 年）の 38 人の子の 1 人である。王喬ともいう。伝説によると王子喬は若い頃から才能豊かで、笙（しょう）という楽器を吹いては鳳凰が鳴くような音を出すことができた。伊川（いせん）、洛水（河南省洛陽南部）あたりを巡り歩いていたとき、道士の浮丘公（ふきゅうこう）に誘われ中岳嵩山に入り、帰らなくなった。それから 30 年以上、友人の桓良（かんりょう）が王子喬を探していると、ふいに本人が現れ「7 月 7 日に緱氏山（こうしさん）の頂上で待つように家族に伝えてくれ」と言った。その日、家族が言われたとおりに山に登ると、王子喬が白鶴に乗って山頂に

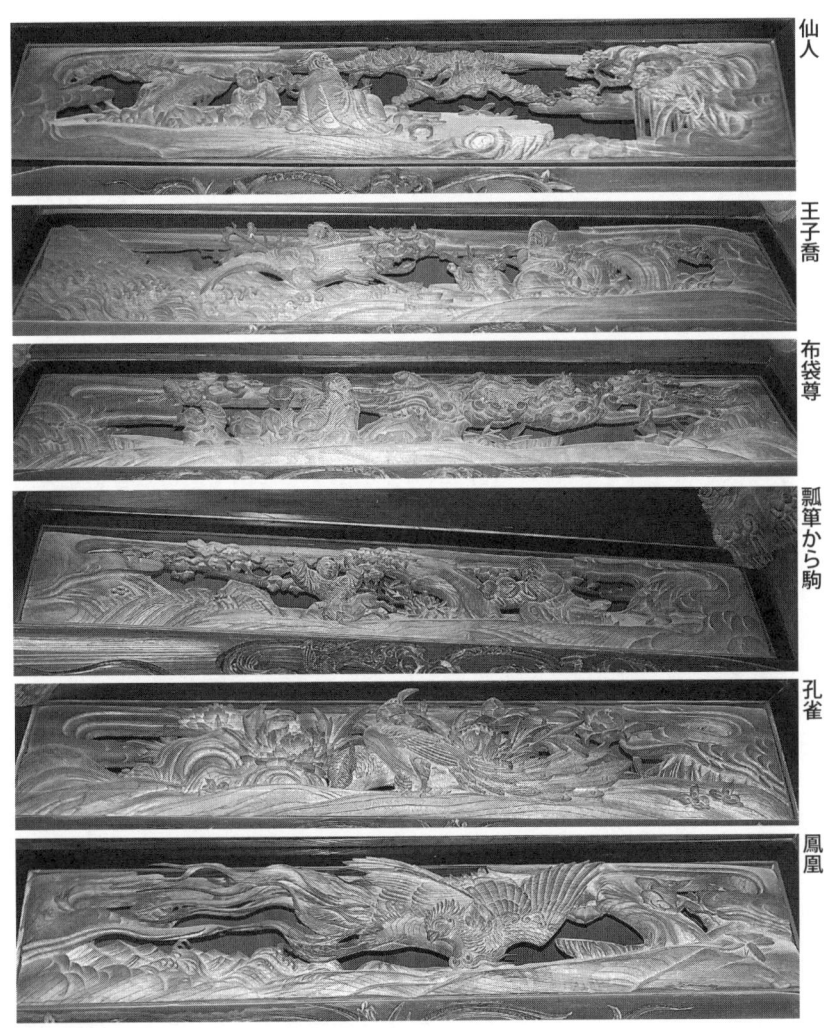

仙人

王子喬

布袋尊

瓢箪から駒

孔雀

鳳凰

御霊屋欄間

舞い降りた。だが、山が険しく家族は近づくことができなかった。王子喬は手を挙げて家族に挨拶し、数日後白鶴に乗って飛び去ったという。そこで、人々は縅氏山の麓や嵩山の山頂に祠を建てて王子喬を祀ったという。

「瓢箪(ひょうたん)から駒」は通玄仙人（帳果老。唐時代の実在の人物）の逸話で、通玄仙人は、白い馬に跨(また)がり、1日数万里を走った。休憩のときは、馬を小さな瓢箪に納めたという。「思わぬところで良い結果がでる」ことを「瓢箪から駒」というのはここからきている。

「孔雀」はその美しい姿から、多くの地域で神聖視された鳥である。孔雀の羽には蛇毒を除くほか、一般に病気をいやす力があるという言い伝えもある。孔雀明王(くじゃくみょうおう)は本来孔雀を神格化したヒンドゥー教の女神で、蛇毒を解く神の信仰に由来し、あらゆる毒物や病気をいやす力があるという。中国でも孔雀は霊鳥で、鳳凰の原型、鳳は甲骨文字で孔雀を象徴していた。殷の時代には風の字はなく、風も鳳で表し、孔雀が季節を支配する風の神鳥だったらしい。孔雀が風を介して鳴き、声で孕(はら)むという言い伝えが唐の時代にある。

「鳳凰」は中国神話の霊鳥である。前漢時代の辞典『爾雅(じが)』には、嘴(くちばし)は鶏、頷(あご)は燕、頸(くび)は蛇、背は亀、尾は魚で、色は黒・白・赤・青・黄の5色で、高さは6尺程とされる。時代によって多少の違いはあるが、いろんな動物を併せたものになっている。日本では背丈が4〜5尺あり、前部が麒麟、後部が鹿、頸は蛇、背が亀、頷は燕、嘴は鶏、尾は魚であるとされる。羽は孔雀に似て5色の紋があり、声は5音を発するとされる。

なお、御霊屋の天井には花鳥図が書かれている。この絵が、酒井抱一（ほういつ）の作であると書いてある本があったが、専門家の調査で抱一の絵ではなく、琳派の系統の絵ではないことも確認された。狩野派ではないかとの話もある。

| | | | | (襲封年) |
|---|---|---|---|---|
| ① | 初 代 | 前橋藩主 | 酒井重忠 夫妻 | 1601 |
| ② | 二代 | 同 | 忠世 | 1617 |
| ③ | 三代 | 同 | 忠行 | 1636 |
| ④ | 四代 | 同 | 忠清 | 1637 |
| ⑤ | 五代 | 同 | 忠挙 | 1681 |
| ⑥ | 六代 | 同 | 忠相 | 1707 |
| ⑦ | 七代 | 同 | 親愛 | 1708 |
| ⑧ | 八代 | 同 | 親本 | 1720 |
| ⑨ | 九代 | 前橋藩主 姫路藩転封 | 忠恭 | 1731 1749 |
| ⑩ | 十代 | 姫路藩主 | 忠以 | 1772 |
| ⑪ | 十一代 | 同 | 忠道 | 1790 |
| ⑫ | 十二代 | 同 | 忠実 | 1814 |
| ⑬ | 十三代 | 同 | 忠学 | 1835 |
| ⑭ | 十四代 | 同 | 忠宝 | 1844 |
| ⑮ | 十五代 | 同 | 忠顕 | 1853 |
| ⑯ | 初 代 | 伊勢崎藩主 | 忠寛 | 1681 |
| ⑰ | 六代 | 同 | 忠良 | 1817 |

藩主一覧

## 第3章　龍海院の墓所

### (1) 龍海院酒井家墓地

　境内の南西部に酒井氏の歴代基地がある。初代の酒井重忠夫妻の墓をはじめ十五代までの城主の墓に正室の墓2基、伊勢崎城主の墓2基がある。2代忠世と三代忠行の墓は、宝塔型の墓石を使い、酒井氏の権勢をしのばせる立派なものである。四代忠清は大老を勤め、世に「下馬将軍」

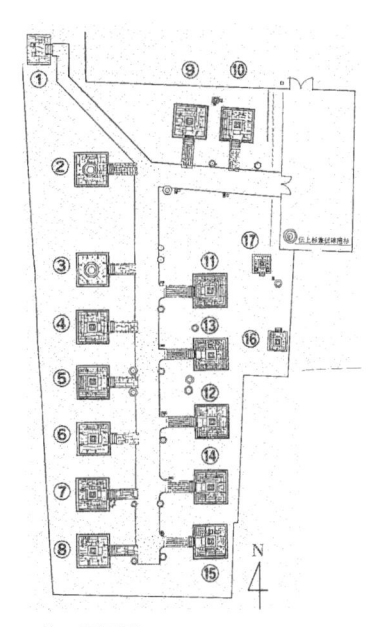

墓石配置図

龍海院酒井家墓地

といわれるほどだった。伊達騒動の裁決で有名である。

　昭和 39（1964）年に前橋市史跡に指定されている。昭和 44（1969）年、昭和 58（1983）年、平成 5（1993）年に整備を行った。その後も墓石の傾きを直す工事を行った。面積は約 1,000 坪、約 3,300㎡である。

## (2) 酒井弾正一族の墓

　平成8年に酒井家墓地の北側にあった酒井弾正（だんじょう）一族の墓を墓地内部に移築、整備している。初代酒井弾正は重忠の二男、忠季である。天正11（1583）年に生まれ志摩守となり弾正と号した。3000石を給せられ家康の小姓を勤めたが、病身のため前橋に隠居する。嫡子は忠俊、孫は淡路忠助である。曽孫の弾正は5000石を給され、儒学を好み行状正しき人であったという。家中でも別格に扱われ、平素の往来に徒士2人、近習4人、道具鋏箱（はさみばこ）、駕籠（かご）を利用した。途中で家老に会っても駕籠から降りなかったという。忠挙との間で確執があり、正保3（1646）年に亡くなったが、家は断絶させられた。弾正の子息内膳の養子に関することなどの異説もある。家中では弾正家による本家相続を望む声も大きかったという。

　『姫路城史』は「忠以、絶家の再興を図る」という記事を載せている。

> 「忠以は絶家となれる酒井弾正の跡を興そうと思ひ、由緒あるものを尋ねさせ、中根家の次男四郎五郎が弾正の孫に当たることを知り、これに弾正の跡を相続させることとし、御附のもの二、三人遣したが、どういふものか、都合よく運ばず、その間に四郎五郎も死去して事止んだ。」（**コラム4参照**）＊

---

## コラム4　酒井弾正一族の墓の調査

　平成7（1995）年、酒井弾正一族の墓を移転整備することになり、その工事に合わせて、墓石等の銘文、法量、材質、配置を記録した。地下遺構については、移転工事に合わせて埋蔵文化財調査を実施した。

---

＊酒井弾正については山田愛華「酒井弾正と三輪執齋」『上毛及上毛人』が詳しい。

酒井弾正一族の墓

弾正の墓は地下 70㌢で見つかった。松材の棺は東西 2 尺 (66㌢)、高さ 2 尺で、板の厚みは 3㌢であった。周囲は土と炭の混土層であり、さらにその外側を漆喰で覆っていた。人骨からみて顔は細面で、大腿骨は太くしっかりしていた。長さは 33.2㌢、中央部の太さが 2.5㌢であった。伝承にある武芸の達人と合致する人物、初代酒井弾正の骨と思われる。隣の墓には漆喰はなく、炭の層だけが見つかった。骨は見つからなかった。弾正の妻の墓と思われる。

　いずれからも副葬品は見つからなかった。人骨、漆喰、炭と共に新しい墓に改葬された。盛り土の上に、輝石安山岩の長さ 160㌢、厚さ 26㌢から 34㌢の湾曲した石が裾えられていた。龍海院裏古墳の石室天井石の再利用と考えられ、この石は新しい墓地の説明板の台石として活用することになった。

---

### （3）松平家一族の墓

　境内東に松平大和守の子供たちの墓が 4 基ある。初代前橋市長下村善太郎の墓の南側である。鳥瞰図には「松平大和守連枝ノ墓」とある。慶応元（1865）年に前橋城主松平典則の長女富姫が亡くなったが、菩提寺の孝顕寺が川越から移転しておらず、酒井家に依頼して龍海院墓地に埋葬することになった。＊

---

＊前橋市内正幸寺には松平直克三女蓮花院殿の墓がある

典則公長女

相院殿真元玉浄大童女

富

慶応元年乙丑閏五月七日

（萬延元年十二月九日江戸二本松邸生）


典則公二子

　道樹院殿松嶽妙榮大童子

玉生銑一郎　　墓

五月十七日

明治五年五月十七日没

（明治三年四月十二日　前橋城生

明治四年十二月八日山田敬之　所養称玉生氏）


典則公六女　　　梢凉院殿蓮心香雲大童女錫

明治六年癸酉八月十六日

（明治四年十二月十二日　前橋城生）


典則公一女　　　清秋院殿錦林紅露大童女

明治八年乙酉九月六日

（明治七年八月六日生　前橋紅雲分之邸）

前出の『前橋市真景図』には酒井家墓地北側に多胡碑の記述があるが、現在はない。江戸時代名筆として知られるようになった多胡碑を模して造った石碑があっ

松平家一族の墓

たようである。このような碑は他にも存在する。また、龍海院西側には風呂川が流れている。広瀬川から取り入れ、前橋城の風呂などの日常用水に使ったという伝承から名前が付いたという。


### （4）歓禅順喜和尚経塚

　参道北側からは昭和 57（1982）年に一字一石経が多数見つかっている。歓禅順喜和尚経塚遺跡と名付けられた。ここからは経石が 6,710 個見つかっている。歓禅順喜和尚は龍海院十五世北岸瞰海和尚の下で首座を勤めていた僧である。正徳 3（1713）年正月の墨書が見つかっている。経文は法華経である。（コラム 5 参照）＊

---

＊昭和 57 年 4 月 27 日付の上毛新聞で報道された。

## コラム 5　歓禅順喜和尚経塚遺跡の調査

　前橋市紅雲町二丁目 13 番 6 号にある遺跡である。この場所は、龍海院の所有地で、現在は宅地になっている。昭和 20（1945）年までは、龍海院の参道脇にあたり、松並木があった。西側 20㍍の所には、昭和 16（1941）年まで龍海院の表門とそれに続く塀があった。南側約 30㍍の所は、「大珠山是字寺龍海院之景」（明治 29 年の古社寺調査添付鳥瞰図）や古地図によると明治時代の初期まで龍海院の住職の隠居所であったところである。

　経石が納経されていた主体部は、現在の地表面から 1㍍前後の地点より掘り込まれた 20㌢程の深さの隅丸方形の土壙内で、灰褐色粘土の地山を掘り込んで造られていた。その規模は確認されている面で 1㍍ 60㌢だった。埋蔵容器が発見されておらず、土壙内に直接埋納されたものと思われる。土壙中心部に大きい経石（一切経石・多字一石経石）を置き、それを取り囲む形で小石（一字一石経）が納経されていたようである。出土した経右は一字一石経が 6,169 個、多字一石経が 541 個である。経文から法華経である。人名と年代を記した石が出ており、正徳 2（1712）年 9 月に亡くなった歓禅順喜和尚の追善供養のために正徳 3(1713) 年正月に造られたことが分かった。歓禅順喜和尚は十五世北岸嗽海大和尚のもとで首座を勤めていた僧である。

## （5）下村善太郎の墓

　下村善太郎は、明治の初め、前橋市の発展の基礎を築いた功労者で、初代前橋市長を務めた人物である。文政 10（1827）年 4 月 28 日に前橋の小間物商の家に生まれる。16 歳で家業を継ぐが失敗して八王子に移る。の

し糸買いから始めて生糸輸出で蓄財する。文久3（1863）年に前橋に帰り生糸商「三好善」として活動する。八王子での蓄財は一万両近くになっていた。その後私財を投じ県庁誘致、学校創設、施設整備などに大きな功績を残した。明治25（1892）年前橋町が市制を施行する際、推されて市長になるが、病のため明治26（1893）年6月4日に亡くなった。墓が前橋市指定史跡になっている。＊

下村善太郎夫妻の墓

### （6）萩原進の墓

　萩原進は、大正2（1913）年に長野原町大桑で生まれる。群馬師範学校時代から歴史研究に打ち込み、群馬史学会を創設して会長となる。浅間山の噴火研究がライフワークであった。昭和24（1949）年に県議会図書室長になり、その後前橋市立図書館長、群馬県文化財保護審議会長などの要職を歴任した。県内市町村史の執筆指導、「みやま文庫」「群馬歴史散歩の会」創設など大きな功績があった。著書編著を合わせて180冊以上である。平成9（1997）年に亡くなった。墓は酒井家墓地入口脇にある。

萩原進の墓

＊前橋市役所駐車場北側に下村善太郎の銅像が立っている。

## （7）保岡家の墓

　頼山陽著の『日本外史<ruby>（にほんがいし）</ruby>』を校訂上梓し、『川越版日本外史』を出版する中心となったのが保岡嶺南<ruby>（やすおかれいなん）</ruby>である。川越きっての儒学者であり、若くして博喩堂<ruby>（はくゆどう）</ruby>の教授となって家士に教授した。慶応4（1868）年に亡くなり、墓は東京麻布にある。龍海院墓地東部にある保岡家の

保岡家の墓

墓にある副碑には嶺南の戒名も記されている。嶺南自身は高家からの養子である。保岡家は松平氏が姫路城主時代に仕官し、途中で貞三という婿養子を迎えたが、この人物は徳川郷の郷士・正田家の出身であった。貞三が嶺南の義父になる。

　正田氏は新田の庄を治めていた源義重の三男新田義俊の系統を引く正田隼人<ruby>（はやと）</ruby>の家である。天正18（1590）年家康が江戸に入ると、当時の当主正田吉忠が家康から川越に呼ばれた。新田氏のその後を聞いた家康は、新田家系図、旗、幕などを取り上げ、その代わり徳川と名乗っていたものを正田と改めさせ、引き続き徳川村を支配させ、正月と歳暮には江戸城に来てよいという特権を与えた。正田隼人は毎年正月6日には江戸城に行き、将軍にお目見をすることになった。正田氏は明治維新まで郷士として徳川村を支配していた。江戸中期に館林に出た一族が米穀商を営んでいたが、明治になって製粉業・醤油業を起こす。製粉業は館林製粉（後の日清製粉）、醤

油業は正田醤油となる。館林製粉を起こした正田貞一郎の孫が美智子であり、いうまでもなく正田家は皇后陛下の実家である。

　徳川氏の発祥の伝承は以下のとおりである。徳川氏の初めは時宗の遊行僧で、三河の庄屋松平信重の養子に入った徳阿弥である。徳阿弥は源義国系の得川氏の末裔で、出身地は徳川郷であった。徳阿弥は還俗して松平親氏と名乗った。この親氏から七代目が家康の祖父、松平清康である。


## (8) 境内の石造物

| 結界石 | （右側面） | 維時享保十一年霜月八日 |
| | | 当院十七葉立是 |
| | （正面） | 不許葷酒入界内 |
| 地蔵菩薩 | | 無銘 |
| 馬頭観音 | | 馬頭観世音 |
| | （台） | 此馬也　大旦家所納　乃先込　君乗馬也畜 |
| | | 子当院八年　以天保十五甲　辰年八月一日 |
| | | 斃　二十六世雄道代 |
| 延命地蔵 | （八角台座） | 成仏給間□得多大畢竟尊像聞名無縁 |
| | | （聖観音と一対） |
| 聖観音 | | 宝暦壬午四月辛末　当山二十壱世造立 |
| 如意輪観音 | （右側面） | 弘化三年丙午九月吉日 |
| | （基礎） | 女人講中（女性名六十二） |

| | | |
|---|---|---|
| **灯籠** | （笠） | 寛文十一辛亥天七月十四日 |
| **庚申塔** | | 庚申塔 |
| | （裏面） | 文化十二乙亥　十二月吉日 |
| **寒念仏供養塔** | （右側面） | 施主福島平右衛門 |
| | （正面） | 毘舎聞　尊天王 |
| | （左側面） | 元文四己未天十月一日　下広澤村　建立 |
| | | 福島中 |

## 第4章　龍海院の什宝など

### （1）本尊　釈迦三尊仏（運慶）

　釈迦三尊仏になっており、脇は普賢菩薩・文殊菩薩坐像となっている。釈迦牟尼仏の高さは 40センチほどの坐像で、細かい彫刻の入った台座に載っている。この釈迦牟尼仏の修理札が龍海院に残されている。その札には「此釋迦牟尼佛運慶作也　再興享保二丁酉歳　七月吉日　但再興京佛師樽松長治郎　龍海十五世　北岸侮叟代」と記されている。

　専門家の調査では、江戸時代初期の作で、運慶の流れをくむ七条派仏所の作品ではないかとのことである。この系統の仏師は運慶何代目と称することもあるので、享保 2（1717）年の修理の際に運慶作という伝承があったものと思われる。造仏後 100 年を経て修理を施したと思われるとのこと

本尊　釈迦三尊仏（運慶）　　　　　　　　　　　　　　本尊修理札

であった。

　酒井氏が川越に龍海院を建立する際に七条派仏所に釈迦三尊の制作を依頼し、本尊として龍海院にきたものと思われる。

## （2）道了薩埵　（吉見誠山）

　この本堂に道了薩埵（さった）が安置されている。道了大権現ともいう。妙覚道了は室町時代に相模国（神奈川県）足柄の最乗寺を開山した了庵慧明（えみょう）の弟子で、空を飛んで手伝いに来て、1人で500人分の力を発揮し、そのため最乗寺の伽藍は1年で完成したという。応永18（1411）年、了庵の没時に最乗寺守護の大願を起こし、天狗の身を現し白虎にまたがり山中に消えたという。最乗寺には道了薩埵を祀る妙覚宝殿がある。龍海院では明治37（1904）年

5 月 13 日に本尊増加を許可されている。作者は吉見誠山である。三十世大岡楳仙大和尚が明治 7（1874）年 11 月には神奈川県最乗寺へ昇住し独住一世となった事と関係があるかもしれない。また、祀るお堂があったかもしれないという。

道了薩埵　（吉見誠山）

### （3）開運大黒天　（伝・左甚五郎）

　本堂の北側に七福神の一つ、大黒天が祀られている。五穀豊穣や食物を司る神でもあり、禅宗寺院では庫裡（くり）に祀られる。作者は左甚五郎と言われている。江戸時代には、米俵に乗り、福をさずける神様として広く信仰され、多くの参拝者があった。脇にあるおみくじは、大黒様の参拝の人が引いたものである。大黒天の上に掲げてある額には「開運大黒天」とあり、新井石禅が書いたものである。雲洞とあり、石禅が雲洞庵住職の時に書いたものとわかる。雲洞庵は新潟県南魚沼市にある寺である。龍海院には新井石禅の襖の書もある。＊

開運大黒天（伝・左甚五郎）

---

＊大黒天は上野寛永寺が建てられたとき、左甚五郎が扉の余材で刻み天海僧正から酒井忠世に渡り、龍海院十五世北岸和尚の元に納められたという。『紅雲町今昔』

## (4) 賓頭廬尊者

本堂外陣に置かれている。これは、十六羅漢の第一尊者である賓度羅跋囉惰闍のことで、撫仏として寺院の食堂や外陣に安置され、この尊者を撫でれば病気が治るといわれて「おびんずるさま」と呼ばれ、信仰されている。

賓頭廬尊者

## (5) 雲版（清蓮院）

本堂外陣に下げられている。雲の形を模していることから「雲版」という。食事や座禅の終わりを告げるために鳴らす。「雨をもたらす雲」として鎮火・防火の象徴でもある。銘文から文政4（1821）年に酒井忠恭の娘で、彦根第

雲版

九代城主井伊直禔の継室となった清蓮院から龍海院に奉納されたことが分かる。二十四世無門元定大和尚の時である。元定は旧材を利用して龍海院本堂の改築を着工したが、工事は完成せず、二十五世 吉潭大澄大和尚の時、文政12（1829）年12月12日に本堂改築落成になっている。その間の奉納である。＊

---

＊清蓮院は文政4年に亡くなり墓は世田谷豪徳寺にある。本尊前にある香炉も奉納している。香炉にも雲版と同じ銘文が入っている。継室とは2人目の正室という意味である。

## (6) 龍図（森東渓）

龍図（森東渓）

　本堂南側にある。紙本・着色の一幅で、森東渓が描いている。紙幅の中央で両眼を光らせる龍の図である。『群馬の絵馬』によれば、東渓は、前橋で知られた画家の第一人者のようである。寛政5(1793)年、江戸で生まれる。『上毛及び上毛人』（大正10年「森家歴代略伝」）によれば、天明3（1783）年江戸で生まれたとある。当時、川越にいた松平大和守にお抱え絵師として仕えた。

　東渓は、その弟に漢詩人の森玉岡、子に森霞厳、孫に森広陵、共に絵師である。東渓は、安政4(1857)年9月24日に65歳で没し、前橋市三河町の東福寺に墓地がある。戒名を快光東渓居士という。諱を葛、字を子覃、東渓はその号である。また、白雲行者・藍薗翁などの号がある。


## (7) 宝珠図（日置黙仙）

　本堂北側書院に架けられている宝珠図は、日置黙仙が描いたものである。紙本水墨画の一幅。如意宝珠は、龍王の脳中から出た、上部先端が尖って火焔を伴う玉のことで、仏法ではこれを得ることによりいかなる願いも適うといわれる。大正8（1919）年8月5日、日置黙仙画賛は「龍海院中、

龍女献大珠山色」とある。

　黙仙は弘化4（1847）年1月23日に伯
耆国（鳥取県）に生まれ、11歳で出家する。
慶応3（1867）年に加賀国（石川県）天徳
院の諸嶽奕堂の下で悟りを開き印可を受け
る。明治25（1892）年静岡可睡斎の住職
となる。明治37（1904）年名古屋に日暹
寺（日泰寺）を創建する。大正2（1913）
年總持寺西堂、大正5（1916）年永平寺
六十六世貫首となり「明鑑道機」の禅師号
を贈られている。大正6（1917）年曹洞宗
第九代管長となる。この間、満州・朝鮮・

宝珠図（日置黙仙）

タイ・アメリカ・インドを巡る。大正9（1920）年9月2日に74歳で亡く
なった。号は維室。

## （8）前橋城絵図

　前橋城と城下が書かれ
ている。屋敷ごとの区画
ごとに住人、坪数を記載
している。櫓、楼門、塀
や橋、川なども詳しく描

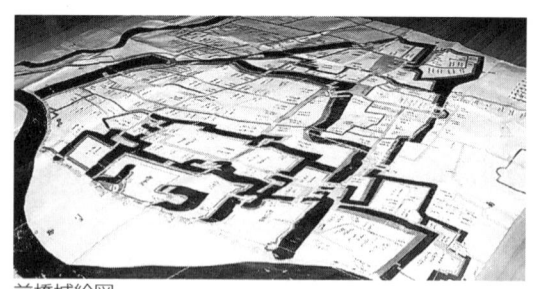

前橋城絵図

かれている。家臣名や龍海院の位置、利根川の流路、高浜曲輪が残っている様子から、酒井氏の時代、元禄年間以降に作成されたものと考えられる絵図である。

## (9) 連額（風外本高）

「声和響随」の文字が板に刻まれている額である。書は風外である。風外本高（ふうがいほんこう）は江戸

蓮額（風外本高）

時代の曹洞宗の僧である。安永 8(1779) 年に伊勢国（三重県）に生まれる。幼少の頃より書画を好み寺に入って 1 日を過ごしていた。出雲国（島根県）徳林寺、摂津国（大阪府）圓通院の開山である。三河国（愛知県）足助（あすけ）の香積寺（こうじゃくじ）二十五世となり、晩年に摂津国（大阪府）烏鵲楼（うじゃくろう）に隠棲するが、請われて摂津国（大阪府）円通院、出雲国（島根県）徳林寺の開山となる。著述が多く、書や絵画でも知られた。弘化 4 （1847）年 6 月 22 日に亡くなった。香積寺の時の弟子に、龍海院二十八世住職諸嶽奕堂がいる。奕堂は烏鵲楼に集まった僧の中で首座を勤めていた。

## (10) 襖の書（新井石禅）

本堂から御霊屋に向かう渡り廊下の入り口に 4 枚の襖がある。ここに書かれた書は新井石禅（せきぜん）が書いたものである。新井石禅は明治、大正期の曹洞

宗の僧侶で、総持寺の独住五世で十一代管長を勤めた。太陽真鑑禅師。号は穆英である。元治元（1864）年12月に陸奥国（福島県）伊達郡に生まれる。12歳で出家し、曹洞宗専門学校（駒沢大学）に学ぶ。わずか3年で卒業し開校以来の秀才と言われた。その後森田悟由らに参禅し、神奈川県最乗寺などに住する。曹洞宗大学学監兼教授、永平寺副監院となり總持寺西堂を経て独住五世、曹洞宗十一代管長となる。国内外の巡経は数百カ所に及

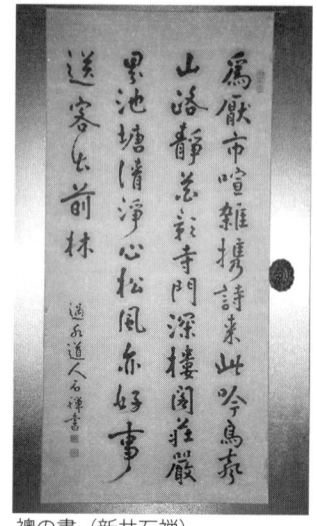

襖の書（新井石禅）

び、生き仏と仰がれた。光華女学校（鶴見大学附属高等学校）を説立した。昭和2（1927）年12月7日に亡くなった。


## （11）額（高島米峰）

　本堂南側に掲げられた額の字は高島米峰が書いたものである。額には「古松跡玻笈」とあり、大正丙辰（5）年の年号が入っている。米峯は明治8（1875）

額（高島米峰）

年1月15日に新潟県に生まれた。明治から昭和期の浄土真宗の僧、社会教育家、新仏教運動家である。号は玉虹。弁護士事務所の書生をしながら哲学館（東洋大学）を卒業する。在学当時からユニテリアン教会に通う。井上円了の要請で助手になり「東洋哲学」の編集にあたる。新聞記者、中学校教員をへて書店、出版社を設立する。キリスト教に影響を受け、新仏教運動を提唱し、新仏教同志会を創立。禁酒・禁煙・公娼廃止・ローマ字普及・動物愛護運動などを展開する。機関雑誌『新仏教』を創刊した。昭和12（1937）年東洋大学教授、昭和18（1943）年第十二代東洋大学学長を勤めた。著書は60冊を数える。昭和24（1949）年10月25日に亡くなった。享年75歳。

### （12）書状（弘津説三）

　本堂南側に掲げられた書状は弘津説三（ひろつせつさん）から大正7（1918）年に送られたものである。最初に「霊鶴来策」と書かれている。説三は文久2（1862）年8月24日に周防国（山口県）に生まれる。明治17（1884）年曹洞宗大学林を卒業する。兵庫県三田市（さんだ）の心月院住職を経て、總持寺副監院、永平寺出張所副監院となる。その後、宗議会議長、総務尚書などを勤め、宗務

書状（弘津説三）

を 25 年間掌理した。大正 2（1913）年に尚書を辞任した後も老宿としての地位を保っていた。昭和元（1926）年永平寺西堂となり、昭和 7（1932）年 2 月 22 日に亡くなった。『承陽大師御傳記』などの著作があるほか、『達磨図』などの絵も描いている。号は大声、道号は黙地。

### （13）孔雀図（森東渓）

　三十三世周随禎三大和尚の記録、「禎三師記録」には「酒井家寄進の一書画に森東渓の孔雀図アリ、外ハスベテナシ」とある。この 2 羽の孔雀がが紅白の牡丹の中にたたずむ一曲二双の屏風である。文化財調査では「花鳥図」としている。これ以外の龍海院所有の絵画として、涅槃図（ねはんず）（江戸時代後期）、

孔雀図（森東渓）

十六善神図（文政 8 年）、山水図（春木南湖）、火防龍図（旃崖奕堂）、花鳥図（伊藤柳荘）などがある。

## (14) 酒井家奉納の太鼓（酒井忠宜）

　本堂に置かれた太鼓は、宝暦7（1757）年に姫路藩主酒井忠恭（ただずみ）の嫡子酒井忠宜（ただよし）が奉納したものである。平成28年に修理を行った。胴に刻まれた銘文は以下のとおりである。「太鼓　一柄　献　後素

太鼓（酒井忠宜奉納）

院殿 之霊前　従四位下阿波守忠宜　維時寶暦七丁丑年二月十九日　龍海院二十一世　玉潭叟」文政4（1821）年の火災以前の奉納であり、難を逃れたものである。忠宜は酒井忠恭の二男であったが、宝暦5（1755）年実兄の忠得（ただう）が18歳で早世したため嫡子となる。同年徳川家重に御目見し従四位下阿波守に叙任されたが、宝暦11（1761）年に22歳で早世した。後素院は忠得の法号である。銘文から忠宜が兄の菩提を弔うために納めた太鼓であることがわかる。雲版奉納の清連院とは異母兄弟である。＊

## （15）龍海院住職の駕籠

　龍海院には住職が乗った駕籠がある。平成28年に修理を行い、往時の姿を取り戻した。儀式の際に使ったものらしい。

駕籠

---

＊酒井忠宜、忠得の墓は江戸浅草崇福寺に造られたが、関東大震災後の昭和3年に谷中霊園に移転合葬されている。位牌は前橋龍海院の御霊屋にある。

## （16）松平清康の位牌

御霊屋に並んでいる位牌の中で、龍海院の開基の旦那である松平清康の位牌だけは正面が瑠璃色に彩色された上に法名が書かれている。珍しいもので、なおかつ高価な彩色が施されている。愛知県岡崎市の大樹寺にある徳川家歴代将軍の等身大位牌のうち、八代吉宗から十四代家茂までのものが瑠璃色に彩色されている例があり、龍海院にとって一番大切な人物を示すものだろう。文政4（1821）年の火事の難を免れているものかもしれない。

松平清康の位牌

## （17）有栖川宮家の祈願所

龍海院は有栖川宮家の祈願所となっていた。二十八世旃崖奕堂大和尚の時、嘉永3（1850）年に有栖川宮家の祈願所として仰せ下され受理するという記録がある。

有栖川宮家は四親王家の一つであった。寛永2（1625）年、後陽成天皇の第七皇子、好仁親王が高松宮を創設したことに始まる。寛文7（1667）年に三代幸仁親王が有栖川宮となり、十代威仁親王まで約300年続いた。大正2（1913）

祈願所の標柱

年に威仁親王が亡くなり、宮家は断絶となった。

　明治29（1896）年の『前橋古寺古社調』によれば、「嘉永三年有栖川殿下より御帰依状御下賜、全年大功徳院殿御位牌御庵置に付き御翠簾御紋附幕御紋附御挑澄御寄附状を添えて御寄附、明治元年同殿下より御祈願所並びに御位牌御安置に附き灰筋塀三十間、並に下馬札御寄附状を添えて寄附」とある。このように明治元（1868）年には有栖川宮家の寄進によって山門の両側に筋塀が造られた。寺格の高さを示すものである。

## （18）陣屋杉

　酒井家基地の入り口に、大きな木の根がある。これが陣屋杉である。永禄10（1567）年10月、武田・北条5万の大軍が時の厩橋城主上杉謙信を攻めたとき、謙信は龍海院に陣屋を置き、この杉の上から敵情を偵察したと伝えられてい

陣屋杉

る。根には、「大杉址」と刻まれた石が載せられている。

## （19）酒井家史料

　酒井家には、町の様子や幕臣としての政務を記した資料があり、明治になって辻善之助らによって酒井家史料121巻、史料目録4冊、編年史料1

冊の 126 巻に編纂されている。龍海院に保管されていたが、現在は前橋市の所有となり、前橋市立図書館に保管されている。昭和 58（1983）年に前橋市重要文化財に指定されている。この史料は後に酒井家から寄贈のあった系図 3 巻を追加して、129 巻になっている。

# 第 5 章　その他

## （1）龍海院の行事

### 施食会

　仏教の施餓鬼会（せがきえ）のことで、曹洞宗では施食会（せじきえ）と言っている法要で、一年の中で最大の行事である。施食会は餓鬼道や地獄に落ちて苦しんでいる霊を救う法要であり、餓鬼は

施食会

若くして死んだ者で、この世に未練があって往生成仏できない霊のことである。施食会は、この往生成仏できない霊のため、また、自分自身が餓鬼道に落ちないように行われている。平成 28 年は 5 月 15 日に行われた。法要には関係寺院からも多数の僧侶が参加して行われた。終了後、お札と卒塔婆が配布され参加の壇信徒は墓参りを行った。施食会はお盆に行う寺院

も多いが、日程は寺院によって異なる。

### コラム6　龍海院裏古墳

龍海院の北東にあった古墳である。墳丘は早くから破壊されていて古墳の形状を残していなかった。昭和28（1953）年に完成した群馬大橋建設に

古墳の天井石と考えられる石

伴う土砂採取の際に発見され、墳丘の南半分に竪穴式石室があった。

　石室の長さは4㍍、幅は1.2㍍、高さは55㌢であった。川原石の乱石積みだった。すでに盗掘にあったものらしく、棺、副葬品などは見つかっていない。

　酒井弾正一族の墓を移転整備する際に、盛り土の上に、輝石安山岩の長さ161㌢、厚さ26㌢から34㌢の湾曲した石が見つかった。龍海院裏古墳の石室天井石の再利用と考えられた。この石は新しい酒井弾正一族の墓の説明板の台石として活用している。

　石室の形状は高崎市綿貫町の普門寺東古墳の石室に似ているという研究成果がある。

### コラム7　良寛和尚を世に出した謙巌蔵雲和尚

　謙巌蔵雲和尚は龍海院の二十九世の住職で、安政4（1857）年から明治元

（1868）年まで 12 年間在住している。

　生まれは信州下高井郡穂高村である。越後国高田北方の薬師院で鳳山道春の法を嗣ぎ、その後各地を遍歴する。京都大悲山で旆崖奕堂、覺仙担山と共に山居辨道、風外本高にも学んだ。山科大宅寺の住持となったが、旆崖奕堂に譲って自分はその随身となった。その後姫路城内の即是堂（晴光寺）に入り、旆崖奕堂が加賀天徳院に転任する際に後任として勧められて龍海院二十九世となった。

良寛和尚座像

　謙巌蔵雲和尚がまだ龍海院の住職になる前、越後を巡っている時に良寛和尚の話を聞き、国上五合庵に貞心尼を訪ね、その後慶応 3（1867）年に詩集『良寛道人遺稿』を江戸芝の尚古室から出版した。これが、良寛和尚を初めて世に出した本である。謙巌蔵雲和尚は良寛の詩書を示して覺仙担山に話すことが多かったらしく、覺仙担山は謙巌蔵雲和尚のために良寛の詩の評文やその伝記を含めた詩集の序文の元となるものを書いている。

　貞心尼自筆の謙巌蔵雲和尚あての書簡は 6 通が越後の各地に残っている。これらの書簡は謙巌蔵雲和尚の弟子、洞水覺山が謙巌蔵雲和尚の死後、その遺品を受け継ぎ越後全性寺に持っていったためである。その後洞水覺山が越後晋廣寺に転じてから火災にあって散逸して保管されることになった。

　『良寛道人遺稿』の良寛肖像画は、貞心尼が越後の画家松原雪堂に依頼して描かせたもので、良寛の風貌を最も良く伝えているという。

　本堂前の良寛座像は平成 15（2003）年、三十七世龍璋一雄和尚の発案によって、この肖像画から忠実に造られたものである。

## コラム8　長野弾正の伝説

　長野弾正は上杉謙信の家臣で永禄2（1559）年3月、北条氏から厩橋城を謙信が奪った後に城代となる。弾正は謙信に背いて北条氏に通じ、手打ちにされた。首と胴は別々にされ、首は龍海院参道南に当たる場所に埋められ、杉森様として祀られるようになった。ここに大きな杉の木が立っていたことから名付けられたものだろう。近年まで一坪ほどの敷地に石祠があり、お詣りする人があった。お杉様とも呼ばれ、お杉大明神という幟が揚げられていたこともあった。胴は旧百軒町、現在の朝日町三丁目に埋められ、弾正林と呼ばれるようになった。ここには堀が残っていて、長野弾正入道謙忠の出城であったことから名付けられたともいう。

　一説に龍海院境内北西にあった塚は胴塚と呼ばれていて、弾正の胴を埋めた塚とも言われている。明治21（1888）年に刊行された『前橋案内』は、弾正林について「新町の東北裏にあり長野謙忠は弾正入道と称す此處に塁砦を築けり井溝等の跡いま猶ほ存す弾正林の称は此に基づく松樹茂生して四囲水あり、恰かも小島嶼の如し因に記す弾正の墓は龍海院にありと」と書いている。胴は龍海院裏古墳に埋められているということである。

## （2）龍海院の古文書

**1　典籍**　　『龍海院侍者寮用心記』『顕徳君御葬送諸差定御中陰行法配列録』

　　　　　　『於奥州羽州両国寺院文化十一年戌年夏会』『首座名簿』『回向集』

　　　　　　『当山僧回向帖』『八代租源英公百五十年追悼文』

　　　　　『是字寺龍海院建立之事』『大珠山是字寺龍海院世代帳』

　　　　　『御開山三百年忌勧化帳下書』『旧藩主過去帳』『日牌過去帳』

　　　　　『過去帳』『妙法蓮華経』など

　2　文書　「龍渓院輪住請状」「天量泰運書状」「是字寺使用に付一札」

　　　　　「龍渓院輪住請疏」「龍海院寺格改絡に付、輿使用などの許可状」

　　　　　「有栖川宮熾仁殿下下令旨」「旃崖奕堂移転関係書類」

　　　　　「機外坦道遷化関係」「世法蠟時代書之事」「太田安信外二名奮状」

　　　　　「顕徳君御物故書篇通復領主届書類」「可睡齋書状」

　　　　　「東海道並びに中仙道人馬継立付一札」「高須定外二名書状」

　　　　　「是字寺寺号一件関係書類」「酒井忠知（忠恭）書状」

　　　　　「忠知（忠恭）公筆山門是字寺額原文」

　　　　　「大河内広配外二名奮状」「前橋龍海院本末の儀に付一札」

　　　　　「本寺争決断下書」「従関三箇寺大勇江追院申渡状」

　　　　　「本末異論大岡越前守様御裁許天明七年未三月相改控置」

　　　　　「二十六世雄道和尚一条要書写」「雑抄」「本山下附公文書」など

　3　墨跡　「和歌二首」「金塵露」「鈴木貫太郎書」など

　4　古記録「二十一世　玉潭　是字寺龍海院関闢縁起」など

　5　地図　「前橋城図」など

## 参考文献 （刊行年順）

『酒井家史料』明治期

『前橋案内』1898 年　野條愛助

『前橋風土記』1906 年　古市剛（1977 年復刻）

『永平重興・大休悟由禅師廣録』大休悟由禅師廣録刊行会　大本山永平寺

「酒井弾正と三輪執齋」『上毛及上毛人』第 29 号　1919 年　山田愛華

『傳説の上州』1932 年　中島吉太郎（1978 年復刻）

『徳川氏関係史蹟名勝遊覧案内』1936 年　岡崎市観光協會

「良寛道人遺稿を版行した龍海院の蔵雲和尚」『上毛及上毛人』第二百八十一号　1936 年
　　津久井端平

「龍海院是字寺縁起異説」『上毛文化』第六巻第二号　三月号　高橋富貴一　1941 年

『史の三河』1943 年　岡崎市観光協會

『姫路城史』上中下巻　1952 年　橋本政次

『大人名事典』1954 年　平凡社

『寛政重修諸家譜』第二巻　1964 年　続群書類従完成会

『前橋市史』第二巻　1973 年　前橋市

『前橋市史』第三巻　1975 年　前橋市

『新版禅学大辞典』1977 年　大修館書店

『紅雲町の今昔』1978 年　大図軍之丞

『上野国郡村誌』1980 年　群馬県文化事業振興会

『前橋の歴史と文化財』1980 年　前橋市教育委員会

『大樹寺の歴史』1983 年　2008 年改訂　大樹寺

『文化財調査報告書』第十三集　1983 年　前橋市教育委員会

『初代前橋市長下村善太郎翁銅像再建記念誌』1983 年　同推進委員会

『群馬県史』通史編 4 近世 1（政治）1991 年　群馬県

『文化財調査委員会調査目録及び解題』1991 年　曹洞宗文化財調査委員会

『新編岡崎市史』第三巻近世（本文篇）1992 年　岡崎市

『前橋市龍海院調査報告書』1992 年　前橋市教育委員会

『日本仏教人名辞典』1992 年　宝蔵館

『上野国寺院明細帳』1993 年　群馬県文化事業振興会

『文化財調査報告書』第二十五集　1994　前橋市教育委員会

『前橋市民俗文化財調査報告書』第四集　1995 年　前橋市教育委員会

『禅門逸話選』下　2000 年　禅文化研究所

『前橋今昔あれこれ』2002 年　岩淵忍

『秀吉を支えた武将　田中吉政』2005 年　岡崎市美術博物館外二館

『日本近世人名辞典』2005 年　吉川弘文館

『武家の生活と教養』2005 年　村井康彦

『是字寺　龍海院誌』2006 年　龍海院

『徳川将軍家墓碑総覧』2008 年　秋元茂陽

「貞心尼自筆　龍海院蔵雲和尚宛書簡　翻刻・解題」『昭和女子大学　学苑』 第八八九号
　　2014 年　細井瞳・田熊信之

『邂逅　過外一雄の生涯』2015 年　龍海院　祝昌寺

『よくわかる曹洞宗』2016 年　瓜生中

本書掲載の写真は井野がすべて撮影したものです。

本書執筆にあたり、龍海院過外璋道住職様に調査、撮影に関して大変な便宜をはかっていただき、文章内容に関しても多くのご教示をいただいたことに感謝申し上げます。また、姫路市教育委員会文化財課、世田谷区立郷土資料館、彦根城博物館、徳島県立文書館、徳島県立博物館、東京都葛飾区崇福寺から資料提供、ご教示をいただいたことを記してお礼を申し上げます。

## 交通案内図

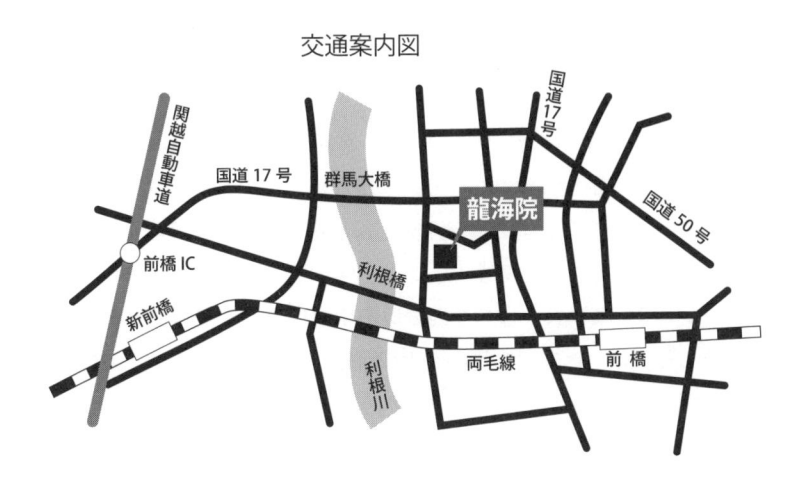

〈著者〉

**井野修二**／**いのしゅうじ**

群馬歴史散歩の会編集委員長

## 創刊の辞

　前橋に市制が敷かれたのは、明治25年（1892）4月1日のことでした。群馬県で最初、関東地方では東京市、横浜市、水戸市に次いで四番目でした。

　このように早く市制が敷かれたのも、前橋が群馬県の県庁所在地（県都）であった上に、明治以来の日本の基幹産業であった蚕糸業が発達し、我が国を代表する製糸都市であったからです。

　しかし、昭和20年8月5日の空襲では市街地の8割を焼失し、壊滅的な被害を受けました。けれども、市民の努力によりいち早く復興を成し遂げ、昭和の合併と工場誘致で高度成長期には飛躍的な躍進を遂げました。そして、平成の合併では大胡町・宮城村・粕川村・富士見村が合併し、大前橋が誕生しました。

　近現代史の変化の激しさは、ナショナリズム（民族主義）と戦争、インダストリアリズム（工業主義）、デモクラシー（民主主義）の進展と衝突、拮抗によるものと言われています。その波は前橋にも及び、市街地は戦禍と復興、郊外は工業団地、住宅団地などの造成や土地改良事業などで、昔からの景観や生活様式は一変したといえるでしょう。

　21世紀を生きる私たちは、前橋市の歴史をどれほど知っているでしょうか。誇れる先人、素晴らしい自然、埋もれた歴史のすべてを後世に語り継ぐため、前橋学ブックレットを創刊します。

　ブックレットは研究者や専門家だけでなく、市民自らが調査・発掘した成果を発表する場とし、前橋市にふさわしい哲学を構築したいと思います。

　前橋学ブックレットの編纂は、前橋の発展を図ろうとする文化運動です。地域づくりとブックレットの編纂が両輪となって、魅力ある前橋を創造していくことを願っています。

前橋市長　山本　龍

前橋学ブックレット ⑩

| 下馬将軍 酒井雅楽頭の菩提寺 **龍海院** |

著　　者／井野修二

発 行 日／2017 年 5 月 21 日 初版第 1 刷

企　　画／前橋学ブックレット編集委員会

〒 371-8601　前橋市大手町 2-12-9　tel 027-898-6994

発　　　行／上毛新聞社事業局出版部

〒 371-8666　前橋市古市町 1-50-21　tel 027-254-9966

ⓒ Jomo Press 2017 Printed in Japan

ISBN 978-4-86352-177-3

ブックデザイン／寺澤　徹（寺澤事務所・工房）

── 前橋学ブックレット〈既刊案内〉──

❶日本製糸業の先覚 速水堅曹を語る（2015 年）
　　石井寛治／速水美智子／内海 孝／手島 仁　　　　ISBN978-4-86352-128-5

❷羽鳥重郎・羽鳥又男読本 ─台湾で敬愛される富士見出身の偉人─（2015 年）
　　手島 仁／井上ティナ（台湾語訳）　　　　　　　　ISBN978-4-86352-129-2

❸剣聖 上泉伊勢守（2015 年）
　　宮川 勉　　　　　　　　　　　　　　　　　　　ISBN978-4-86532-138-4

❹萩原朔太郎と室生犀星 出会い百年（2016 年）
　　石山幸弘／萩原朔美／室生洲々子　　　　　　　　ISBN978-4-86352-145-2

❺福祉の灯火を掲げた 宮内文作と上毛孤児院（2016 年）
　　細谷啓介　　　　　　　　　　　　　　　　　　　ISBN978-4-86352-146-9

❻二宮赤城神社に伝わる式三番叟（2016 年）
　　井野誠一　　　　　　　　　　　　　　　　　　　ISBN 978-4-86352-154-4

❼楫取素彦と功徳碑（2016 年）
　　手島 仁　　　　　　　　　　　　　　　　　　　ISBN 978-4-86352-156-8

❽速水堅曹と前橋製糸所 ─その「卓犖不羈」の生き方─（2016 年）
　　速水美智子　　　　　　　　　　　　　　　　　　ISBN 978-4-86352-159-9

❾玉糸製糸の祖 小渕しち（2016 年）
　　古屋祥子　　　　　　　　　　　　　　　　　　　ISBN 978-4-86352-160-5

　　　　　　　　　　　　　　　　　各号 定価：本体 600 円＋税